职业教育新能源汽车专业理实一体化教材

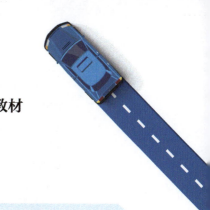

纯电动汽车电池及管理系统拆装与检测

天津职业技术师范大学汽车职业教育研究所 组编

主　编　孔　超
副主编　徐利强　冯勇鑫
参　编　周　毅　何泽刚　杨建青

机械工业出版社

本书是采用基于工作过程的方法进行开发的，以典型工作任务为载体组织内容，主要包括电池检测与修复、电池管理系统测试、充电系统检测与修复三个学习情境，每个学习情境下还包含若干学习单元，每个学习单元以实际工作任务导入，理论知识包含共性知识和个性知识，实践技能部分以北汽 EV160 车型为例。为便于理实一体化教学的实施，每个学习单元配有任务工单，用于引导学生进行实践操作。

为方便职业院校开展一体化教学和信息化教学，本书配套了"新能源汽车专业信息化教学网络平台"，借助该平台，教师可开展线上和线下教学活动，平台上为每个学习单元开发了教学设计、教学课件、任务工单、教学录像、操作视频、教学动画等丰富的教学资源。联系邮箱：463243836@qq.com。

本书适合于开设新能源汽车专业的职业院校使用，也可以供新能源汽车技术培训机构使用，同时也可作为新能源汽车从业人员的学习参考书。

图书在版编目（CIP）数据

纯电动汽车电池及管理系统拆装与检测/孔超主编．—北京：机械工业出版社，2018.5（2024.6重印）
职业教育新能源汽车专业理实一体化教材
ISBN 978-7-111-60029-9

Ⅰ.①纯… Ⅱ.①孔… Ⅲ.①电动汽车-蓄电池-装配（机械）-高等职业教育-教材②电动汽车-蓄电池-检测-高等职业教育-教材 Ⅳ.①U469.720.3

中国版本图书馆 CIP 数据核字（2018）第 109279 号

机械工业出版社（北京市百万庄大街22号　邮政编码100037）
策划编辑：于志伟　责任编辑：于志伟
责任校对：肖　琳　封面设计：鞠　杨
责任印制：邸　敏
中煤（北京）印务有限公司印刷
2024年6月第1版第8次印刷
184mm×260mm・10.25 印张・246 千字
标准书号：ISBN 978-7-111-60029-9
定价：44.80元

电话服务　　　　　　　　　　网络服务
客服电话：010-88361066　　　机　工　官　网：www.cmpbook.com
　　　　　010-88379833　　　机　工　官　博：weibo.com/cmp1952
　　　　　010-68326294　　　金　书　网：www.golden-book.com
封底无防伪标均为盗版　　　机工教育服务网：www.cmpedu.com

职业教育新能源汽车专业理实一体化教材

编写委员会

编委会顾问

朱 军　王仁广　王 斌　张宪科　陆小珊

编委会主任

申荣卫

编委会成员

周 毅　孔 超　包丕利　何泽刚　宋建锋
台晓虹　冯勇鑫　王青斌　吕双玲　张 岩

前言

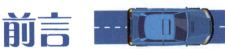

2016年，我国新能源汽车产销规模超过50万辆，保有量超过100万辆，连续第二年居世界首位，中国新能源汽车产业已走在世界前列。2015年，《〈中国制造2025〉重点领域技术路线图（2015年版）》正式发布，明确提出纯电动和插电式混合动力汽车、燃料电池汽车是国内未来在新能源汽车领域的重点发展方向。2016年中国汽车工程学会《节能与新能源汽车技术路线图》的发布，再次对新能源汽车技术发展提出了更为明确的思路和路径。

由教育部、人力资源和社会保障部、工业和信息化部联合印发的《制造业人才发展规划指南》指出，2015年节能与新能源汽车人才总量为17万人。预计到2020年，节能与新能源汽车人才需求总量将达到85万人，缺口68万人。目前，我国职业院校肩负着培养新能源汽车技术技能人才的历史重任。在中国汽车工程学会汽车应用与服务分会的指导下，天津职业技术师范大学汽车职业教育研究所在参与完成教育部"新能源汽车行业人才需求与职业院校专业设置指导报告"课题的基础上，组织汽车专业一线教师编写了本套理实一体化教材。

本套教材采用"基于工作过程"的方法进行开发。在对新能源汽车技术技能人才进行岗位调研的基础上，分析出岗位典型工作任务，然后根据典型工作任务提炼了行动领域，在此基础上构建了工作过程系统化的课程体系。为方便职业院校开展一体化教学和信息化教学，本书配套了"新能源汽车专业信息化教学网络平台"，借助该平台，教师可开展线上和线下教学活动，平台上为每个学习单元开发了教学设计、教学课件、任务工单、教学录像、操作视频、教学动画等丰富的教学资源。

本书内容主要包括电池检测与修复、电池管理系统测试、充电系统检测与修复三个学习情境，每个学习情境下还包含若干学习单元，本书全部内容均在实车上进行了验证。

本书由天津职业技术师范大学孔超担任主编，成都汽车职业技术学校徐利强、天津职业技术师范大学冯勇鑫担任副主编，天津职业技术师范大学周毅、天津交通职业学院何泽刚、浙江工业职业技术学院杨建青参编。

在本书的编写过程中，山东星科智能科技股份有限公司提供了大量设备支持，在此表示衷心的感谢。编写过程中还参考了大量国内外相关著作和文献资料，在此一并向有关作者表示感谢。

由于编者水平有限，书中难免有错漏之处，敬请读者批评指正。

编　者

目录

前言

学习情境 1　电池检测与修复 ········· 1

学习单元 1.1　电动汽车动力蓄电池认知 ········· 2
任务工单 1.1 ········· 10
学习单元 1.2　锂电池检测 ········· 13
任务工单 1.2 ········· 22
学习单元 1.3　镍氢电池检测 ········· 25
任务工单 1.3 ········· 32
学习单元 1.4　其他电池检测 ········· 34
任务工单 1.4 ········· 40
学习单元 1.5　电池包的更换 ········· 42
任务工单 1.5 ········· 49

学习情境 2　电池管理系统测试 ········· 52

学习单元 2.1　电池管理系统认知 ········· 53
任务工单 2.1 ········· 63
学习单元 2.2　动力蓄电池状态监测 ········· 65
任务工单 2.2 ········· 77
学习单元 2.3　动力蓄电池能量管理 ········· 79
任务工单 2.3 ········· 90
学习单元 2.4　动力蓄电池信息管理 ········· 92
任务工单 2.4 ········· 98

学习情境 3　充电系统检测与修复 ········· 100

学习单元 3.1　充电装置的使用 ········· 101
任务工单 3.1 ········· 109
学习单元 3.2　充电系统检查 ········· 112
任务工单 3.2 ········· 119

学习单元3.3　车载充电机的检测与修复	121
任务工单3.3	129
学习单元3.4　DC/DC变换器的更换	132
任务工单3.4	140
学习单元3.5　高压控制盒的检测与修复	143
任务工单3.5	152

《纯电动汽车电池及管理系统拆装与检测》 理实一体化教室布置图 ………… 155

参考文献 …………………………………………………………………………… 156

学习情境 1

电池检测与修复

🔄 学习目标

➢ 能通过与客户交流、查阅相关维修技术资料等方式获取车辆信息。
➢ 能识别各类动力蓄电池及其特点。
➢ 能正确进行动力蓄电池的检测和维护。
➢ 能找到车辆上故障诊断接口。
➢ 能根据故障需求选择正确的诊断和检测设备。
➢ 能根据环保要求，正确处理对环境和人体有害的辅料、废气、液体和损坏零部件。

学习单元1.1　电动汽车动力蓄电池认知

任务导入

小王在某新能源汽车4S店工作，今天接了一辆车，需要进行首保检查。师傅让小王对动力蓄电池进行检查，你知道应该如何安全规范地进行动力蓄电池的检查吗？

学习目标

1. 能通过与客户交流、查阅相关维修技术资料等方式获取车辆信息；
2. 能根据客户要求制订正确的检查计划；
3. 能按照正确的操作规范进行动力蓄电池的外观检查。

理论知识

1.1.1　电动汽车动力蓄电池的作用

18世纪30年代电动汽车开始兴起，20世纪初，电动汽车的销量一度占到了市场份额的30%~50%。但是，电动汽车本身的续驶和充电问题成为限制其发展的主要因素，同时燃油价格不断下调，随着福特T型车的兴起，燃油车辆蓬勃发展。随着科技的发展和对环保要求的提高，电动汽车又开始焕发青春。掣肘电动汽车的动力蓄电池技术的长足发展，使得电动汽车大规模使用又成为可能。

电动汽车动力蓄电池（以下简称动力蓄电池）是电动汽车的动力源，是能量的储存装置，是电动汽车日常行驶的唯一能量来源，是电动混合动力汽车的辅助能量来源，能够将电能转换为其他形式的能量，并驱动汽车行驶，如图1-1-1所示。动力蓄电池是电动汽车的核心部件之一，其性能好坏直接关系到电动汽车的动力性能、续驶能力，也与电动汽车和电动混合动力汽车的安全性直接相关。

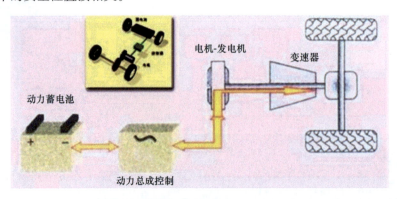

图1-1-1　电动汽车动力蓄电池的功用

1.1.2 动力蓄电池的分类

电动汽车动力蓄电池从系统的角度可以分为化学电池、物理电池和生物电池三大类，如图 1-1-2 所示。

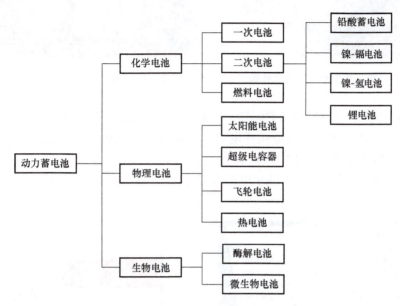

图 1-1-2 动力蓄电池的分类

化学电池即利用化学变化产生电能的装置，可以分为一次电池、二次电池和燃料电池三大类。其中，一次电池和二次电池可以统称为蓄电池。蓄电池适用于纯电动汽车，可以归类为铅酸蓄电池、镍基电池（镍-氢及镍-金属氢化物电池）、钠基电池（钠-硫电池和钠-氯化镍电池）、锂电池等类型。燃料电池专用于燃料电池电动汽车。

物理电池是利用光、热、物理吸附等物理能量发电的电池，如太阳能电池、超级电容器、飞轮电池等。这类电池技术不够成熟，应用较少。

生物电池是利用生物化学反应发电的电池，如微生物电池、酶解电池等。

1.1.3 动力蓄电池的结构

一般动力蓄电池安装于整车下部或后部，例如北汽 2015 款 EV160 电动汽车动力蓄电池，该电池通过 10 个螺栓和车身连接，安装在整车下部，其外观如图 1-1-3 所示。

可以看出，EV160 电动汽车动力蓄电池外部包括两个接口，一个接口较长，为橙色椭圆形接口，另一个接口较短，为黑色圆形接口。从正面看，两个接口的具体情况如图 1-1-4 所示。

图 1-1-4 中左侧为动力母线接口，其作用是：在动力蓄电池放电时向外输出电能以使汽车及其附件工作；在动力蓄电池充电时向动力蓄电池内部输入电能，实现对动力蓄电池的充电。

图 1-1-4 中右侧为动力蓄电池通信接口，其作用是：将动力蓄电池的信息与整车控制器 VCU 等进行通信，以实现对动力蓄电池的管理并能实时掌握动力蓄电池的状态。

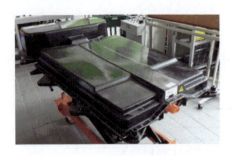
图 1-1-3　电动汽车动力蓄电池外观

图 1-1-4　电动汽车动力蓄电池接口

在动力蓄电池壳体上还贴有两类标签，一类标签上表示出了电池的一些信息，如图 1-1-5 所示。可以看出，该电池为：磷酸铁锂电池，额定电压为 320V，额定能量为 25.6kW·h，质量为 293kg，型号为 PLFP-019-080-320。

另一类标签为高压警示标签，表示电池内部为高压，操作时请注意高压安全，如图 1-1-6 所示。

图 1-1-5　电池信息标签

图 1-1-6　电池高压安全警示标签

EV160 动力蓄电池主要由两大部分组成，即电池管理系统和电池本体部分。其中电池管理系统相当于动力蓄电池的神经中枢，主要对电池状态进行检测、对电池电量等进行管理。电池本体部分主要由动力蓄电池模组、动力蓄电池箱体及其他辅助器件等部分组成。EV160 动力蓄电池的组成如图 1-1-7 所示。

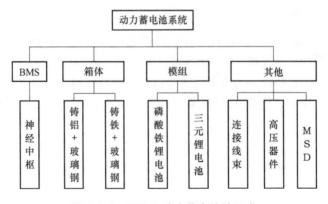
图 1-1-7　EV160 动力蓄电池的组成

EV160 采用铸铝和玻璃钢的箱体，电池为磷酸铁锂电池，而 EV200 采用的是铸铁和玻璃钢的箱体，电池采用三元锂电池。相比之下，EV160 的电池箱较轻，采用了磷酸铁锂电池后，续驶里程有所缩短，但是电池的稳定性有所提高，这是由磷酸铁锂电池的特性决定的。打开上盖后的 EV200 动力蓄电池如图 1-1-8 所示。

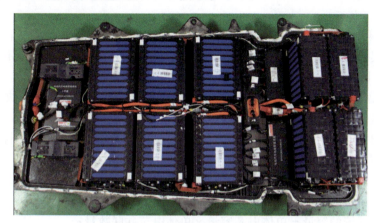

图 1-1-8　打开上盖之后的 EV200 动力蓄电池

1. 动力蓄电池箱

动力蓄电池箱主要起到保护动力蓄电池的作用，因此要求箱体要坚固、防水。箱体可以分为上箱体和下箱体。上箱体一般不会受到冲击，并且为了减轻重量而采用玻璃钢材质。下箱体在整车的下部，为防止遇到路面磕碰等情况而损坏动力蓄电池，因此采用铸铁或铸铝材料。为了实现上下箱体之间的密封，有定位装置进行定位，并通过硅酮胶进行密封。

2. 动力蓄电池组

EV160 的动力蓄电池组采用磷酸铁锂电池，参数见表 1-1-1。

表 1-1-1　EV160 动力蓄电池组参数

型　　号	PLFP-25.6kW·h
额定电压	320V
电芯容量	80A·h
额定能量	25.6kW·h
连接方式	1P100S
电池系统供应商	PPST
电芯供应商	ATL
BMS 供应商	E-power
总质量	293kg
总体积	240L
工作电压范围	250~365V
能量密度	86W/kg

EV160 动力蓄电池输出电压为 320V 左右，容量为 80A·h，额定能量为 25.6kW·h。该

电池由 10 个电池模组串联组成,每个模组由 10 个电池模块串联而成,一般电池模块由电池单体组成。

(1) 电池单体 电池单体是构成动力蓄电池模块的最小单元,一般由正极、负极、电解质及外壳等构成,可实现电能与化学能之间的直接转换。EV160 采用的磷酸铁锂电池单体电压为 3.2V。

(2) 电池模块 多个电池单体并联成一个电池模块,电池模块是电池单体在物理结构和电路上连接起来的最小分组,EV160 电池模块的额定电压与电池单体的额定电压相等,电芯容量为 80A·h。

(3) 电池模组 电池模块串联组成电池模组,电池模组指多个电池模块或电池单体串联组成的一个组合体模组,如图 1-1-9 所示。

EV160 动力蓄电池的电池模组电压为 32V,电芯容量为 80A·h。10 个电池模组串联组成了一个动力蓄电池,因此其电压为 320V,电芯容量为 80A·h。

因此,对于动力蓄电池的额定电压、容量、总能量、质量比能量有:

动力蓄电池系统的额定电压 = 单体电芯额定电压 × 单体电芯串联数;

动力蓄电池系统的容量 = 单体电芯容量 × 单体电芯并联数量;

动力蓄电池系统总能量 = 动力蓄电池系统的额定电压 × 动力蓄电池系统的容量;

动力蓄电池系统质量比能量 = 动力蓄电池系统总能量 ÷ 动力蓄电池系统质量。

3. 电池管理系统

电池管理系统(BMS)是电池保护和管理的核心部件,在动力蓄电池系统中,它的作用就相当于人的大脑。它不仅要保证电池安全可靠,而且要充分发挥电池的能力,延长其使用寿命,作为电池和整车控制器以及驾驶人沟通的桥梁,通过控制接触器控制动力蓄电池组的充放电,并向 VCU 上报动力蓄电池系统的基本参数及故障信息。电池管理系统如图 1-1-10 中红色圈内所示。

图 1-1-9 EV160 动力蓄电池的电池模组

图 1-1-10 电池管理系统

电池管理系统的功能有:通过电压、电流及温度检测等功能实现对动力蓄电池系统的过电压、欠电压、过电流、过高温和过低温保护,继电器控制、剩余电量(SOC)估算、充放电管理、均衡控制、故障报警及处理、与其他控制器通信等功能;此外,电池管理系统还具有高压回路绝缘检测功能,以及为动力蓄电池系统加热功能。

电池管理系统按性质可分为硬件和软件,按功能分为数据采集单元和控制单元。BMS

的硬件有主板、从板及高压盒，还包括采集电压、电流、温度等数据的电子器件。EV200 BMS 的部分硬件如图 1-1-11 所示。

软件部分用来监测电池的电压、电流、SOC 值、绝缘电阻值、温度值，通过与 VCU、充电机的通信，来控制动力蓄电池系统的充放电。

4. 辅助元器件

辅助元器件主要包括动力蓄电池系统内部的电子电器元件以及接口，如熔断器、继电器、分流器、插接件及烟雾传感器等，维修开关以及电子电器元件以外的辅助元器件，如密封条、绝缘材料等。EV200 维修开关（MSD）如图 1-1-12 所示。

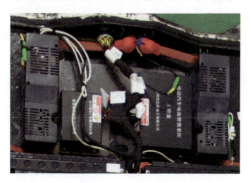

图 1-1-11　EV200 BMS

图 1-1-12　EV200 维修开关

1.1.4　电动汽车动力蓄电池基本要求

作为电动汽车的主要能量来源，动力蓄电池需要满足以下基本要求。

1. 能量密度大，比能量高

电池单位质量或单位体积所能输出的电能，单位分别是 W·h/kg 或 W·h/L。比能量越高，电动汽车的续驶里程就越大，为了提高电动汽车的续驶里程，要求电动汽车动力蓄电池的比能量要大。

2. 功率密度大，比功率高

电动汽车行驶过程中在加速工况或大负荷工况时，要求驱动电机有较大的转矩输出，大转矩的获得需要有较大的驱动电流来驱动电机转动，这就要求动力蓄电池有足够的电流输出能力，从而满足电动汽车的加速行驶和具有一定的负载能力。

3. 充放电效率高，循环寿命长

充电时，电动汽车动力蓄电池需要外部对内部进行电能的补充，将电能转化为化学能储存起来；放电时，动力蓄电池将自身的化学能转化为电能输送给用电设备。为了使能量得到有效的利用，需要较高的充放电效率。

动力蓄电池需要不停地充放电，这就要求其具有较长的循环寿命。

4. 相对稳定性好

动力蓄电池应能够稳定地工作，理想的动力蓄电池应不随剩余电量的变化而发生输出电

压或输出电流的变化。

5. 成本低，使用寿命长

从电动汽车的成本构成看，电池驱动系统占据了其成本的30%~50%，降低动力蓄电池的成本就意味着电动汽车成本随之降低。同时，较长时间的使用寿命就意味着较低的用车成本。

6. 安全性好，适应车辆运行环境

动力蓄电池一般安装在车底或车侧面，在工作中其安全性对驾驶人和乘客的生命有着重要的意义。另外，车在运行中的颠簸、道路环境的恶化等也对动力蓄电池的安全有较高的要求。

总体来看，提高功率密度、能量密度、使用寿命以及降低成本一直是电动汽车动力蓄电池技术研发的核心。

1.1.5 EV160 动力蓄电池外观认知

1. 举升车辆

穿戴全防护套装；EV160动力蓄电池安装在汽车底部，通过10个螺栓与汽车底盘连接；动力蓄电池前部有两个线束，其中一个是动力蓄电池母线线束，当车辆工作时向外输出高压电，当充电时向动力蓄电池充电；另一个是低压通信线束，主要功能为接触器控制、通信及为BMS供电等。

2. 拆下电池包

1）穿戴安全防护套装；

2）电池壳体由上箱盖和下箱体组成，上箱盖材料为玻璃钢，下箱体材料为铸铁，二者通过螺栓连接。

3）电池包上箱盖上贴有三个危险提示标志，第一个标志提示：非专业人员不得打开上盖；第二个标志提示：非专业人员不得开启电池包；第三个标志提示：不要拆卸单体或移开盖子，避免将电解质接触到皮肤、眼睛和衣服上，发生事故时用清水清洗并立即送到医院治疗，使用叉车对电池包进行操作时，避免刺破、碰撞，储存时避免电池包进水。

4）电池包尾部贴有铭牌，铭牌上标有电池型号、生产日期，电池材料为磷酸铁锂，额定电压为320V，额定能量为25.6kW·h，质量为293kg。

5）电池包前部有两个线束接口，其中一个是动力蓄电池母线线束接口，当车辆工作时向外输出高压电，当充电时向动力蓄电池充电；另一个是低压通信线束接口，主要功能为接触器控制、通信及为BMS供电等。

6）电池包上部中后位置有维修开关插座，当系统下电时，需要拔下开关，断开动力蓄电池内部连接。

1.1.6 动力蓄电池系统检查

（1）外观检查　检查动力蓄电池外观有无磕碰、损坏：将车辆举升起来，目测动力蓄电池底部有无磕碰、划伤、损坏的现象。如发现以上情况应及时予以修理或更换。

（2）动力蓄电池定期充放电、单体电池一致性测试　定期对动力蓄电池满充、满放一次。使用专用检测仪对动力单体电池进行测试。如发现单体电池电压较低或不能正常进行充放电，应及时予以修理或更换。

（3）检查 BMS、绝缘电阻、插接件与紧固件是否正常　使用专用检测仪器对动力蓄电池 BMS、绝缘电阻进行测试。目测动力蓄电池高低压插接件是否有变形、松脱、过热、损坏的情况。如发现以上情况应及时予以修理或更换。

（4）固定螺栓力矩检测　螺栓标准力矩为 95~105N·m。

1. 电动汽车动力蓄电池（以下简称动力蓄电池）是电动汽车的动力源，是能量的储存装置，是为电动汽车日常行驶提供能量的唯一来源，是电动混合动力汽车的辅助能量来源，能够将电能输出转换为其他形式的能量，并驱动汽车行驶。

2. EV160 动力蓄电池主要由动力蓄电池组、电池管理系统、动力蓄电池箱及辅助器件四部分组成。

3. EV160 动力蓄电池的输出电压为 320V 左右，电动汽车动力蓄电池由 10 个电池模组串联组成，每个模组的电压为 32V 左右。

4. 电池管理系统（BMS）是电池保护和管理的核心部件，在动力蓄电池系统中，它的作用就相当于人的大脑。

任务工单1.1

任务名称	电动汽车动力蓄电池认知	学时	4	班级	
学生姓名		学生学号		任务成绩	
实训设备、工具及仪器	北汽 EV160 整车 4 台。	实训场地	一体化教室	日期	
客户任务描述	小王在某新能源汽车 4S 店工作，今天接了一辆车，需要进行首保检查。师傅让小王对动力蓄电池进行检查。				
任务目的	请根据任务要求制订工作计划，安全、规范地对新能源汽车动力蓄电池进行检查。				

一、资讯

1. 电动汽车动力蓄电池（以下简称动力蓄电池）是电动汽车的＿＿＿＿＿＿＿，是能量的＿＿＿＿＿＿＿，是为电动汽车日常行驶提供能量的唯一来源，是电动混合动力汽车的＿＿＿＿＿＿＿，能够将电能输出转换为其他形式的能量，并＿＿＿＿＿＿＿。

2. 电动汽车动力蓄电池从系统的角度可以分为＿＿＿＿＿＿＿、＿＿＿＿＿＿＿和＿＿＿＿＿＿＿三大类。

3. 化学电池即利用＿＿＿＿＿＿＿产生电能的装置，可以分为＿＿＿＿＿＿＿和＿＿＿＿＿＿＿两大类。

4. EV160 动力蓄电池主要由两大部分组成，即＿＿＿＿＿＿＿和＿＿＿＿＿＿＿部分。其中电池管理系统相当于动力蓄电池的＿＿＿＿＿＿＿，主要对＿＿＿＿＿＿＿进行检测、对电池电量等进行管理。

5. 电池本体部分主要由＿＿＿＿＿＿＿、＿＿＿＿＿＿＿及辅助器件等部分组成。

6. 电池单体，是指构成＿＿＿＿＿＿＿模块的最小单元，一般由正极、负极、＿＿＿＿＿＿＿及外壳等构成，可实现＿＿＿＿＿＿＿与化学能之间的直接转换。

7. 电池模块＿＿＿＿＿＿＿组成电池模组，电池模组指多个＿＿＿＿＿＿＿或＿＿＿＿＿＿＿串联组成的一个组合体模组。

8. 按性质可将电池管理系统分为硬件和＿＿＿＿＿＿＿，按功能分为＿＿＿＿＿＿＿和控制单元；BMS 的硬件有＿＿＿＿＿＿＿、从板及高压盒，还包括采集电压、电流、＿＿＿＿＿＿＿等数据的电子器件。

9. 软件部分用来监测电池的＿＿＿＿＿＿＿、电流、SOC 值、＿＿＿＿＿＿＿、温度值，通过与 VCU、充电机的通信，来控制动力蓄电池系统的＿＿＿＿＿＿＿。

10. 电池管理系统（BMS）是电池保护和管理的＿＿＿＿＿＿＿，在动力蓄电池系统中，它的作用就相当于人的大脑。它不仅要保证电池＿＿＿＿＿＿＿的使用，而且要充分发挥电池的能力和延长使用寿命，作为电池和＿＿＿＿＿＿＿以及驾驶人沟通的桥梁，通过控制＿＿＿＿＿＿＿控制动力蓄电池组的充放电，并向＿＿＿＿＿＿＿上报动力蓄电池系统的基本参数及故障信息。

11. 电池管理系统的功能有：通过电压、＿＿＿＿＿＿＿及温度检测等功能实现对动力蓄电池系统的＿＿＿＿＿＿＿、欠电压、＿＿＿＿＿＿＿、过高温和＿＿＿＿＿＿＿，继电器控制、SOC 估算、充放电管理、＿＿＿＿＿＿＿、故障报警及处理、与其他控制器通信等功能；此外电池管理系统还具有＿＿＿＿＿＿＿功能，以及为动力蓄电池系统加热功能。

12. 按性质可将电池管理系统分为＿＿＿＿＿＿＿和＿＿＿＿＿＿＿，按功能分为数据采集单元和＿＿＿＿＿＿＿；BMS 的硬件有主板、从板及＿＿＿＿＿＿＿，还包括采集电压、电流、＿＿＿＿＿＿＿等数据的＿＿＿＿＿＿＿。

二、计划与决策

请根据任务要求，确定所需要的仪器、工具，并对小组成员进行合理分工，制订详细的动力蓄电池基本检查流程和计划。

1. 需要的仪器、工具

2. 小组成员分工

3. 检查计划

三、实施

（1）外观检查

检查动力蓄电池外观有无_____损坏；

将车辆_____目测动力蓄电池底部有无磕碰、划伤、损坏的现象；

检查结果_____。

如发现以上情况应及时予以_____。

（2）动力蓄电池定期充放电、单体电池一致性测试

定期对动力蓄电池_____一次。

使用_____对动力单体电池进行测试。

电池的一致性检测情况为_____。

如发现以上情况应及时予以_____。

（3）检查 BMS、绝缘电阻、插接件与紧固件情况

使用专用检测仪器对动力蓄电池_____、绝缘电阻进行测试；

目测动力蓄电池_____变形、松脱、过热、损坏的情况；

目测结果为_____。

如发现以上情况应及时予以_____。

（4）固定螺栓力矩检测

螺栓标准力矩：_____ N·m；

经检查，力矩为_____ N·m。

通过上述过程，请总结充电过程中需要注意的事项：

1) _____

2) _____

3) _____

四、检查

检查完成后,起动开关置于 ON 位,并进行如下检查:

1. 静态检查

检查仪表是否正常显示车辆信息:_____。

2. 动态检查

检查车辆是否正常运行:_____。

3. 电池测试

试车 20min,检查电池电量变化情况、续驶里程变化情况是否正常。

_____。

五、评估

1. 请根据自己任务完成的情况,对自己的工作进行自我评估,并提出改进意见。

1) _____

2) _____

3) _____

2. 工单成绩(总分为自我评价、组长评价和教师评价得分值的平均值)

自我评价	组长评价	教师评价	总分

 **学习单元 1.2　锂电池检测**

小王在某新能源汽车 4S 店工作，今天接了一辆北汽 EV160 新能源车，师傅要求小王对已经拆下的动力蓄电池进行基本检测，你知道如何安全、规范地进行动力蓄电池的基本检测吗？

1. 能通过与客户交流、查阅相关维修技术资料等方式获取车辆信息；
2. 能根据要求制订正确的检查计划；
3. 能正确选择诊断设备对动力蓄电池进行检测；
4. 能正确记录、分析各种检查结果并做出故障判断。

1.2.1　锂电池概述

锂离子动力蓄电池，简称锂电池，是 20 世纪开发成功的新型高能电池。这种电池的负极是金属锂或锂合金，正极用 MnO_2、$SOCl_2$、$(CF_x)n$ 等，使用非水电解质溶液的电池，于 20 世纪 70 年代进入实用阶段。目前市场上最热门的电动车用的绝大部分是锂电池。

锂电池性能比较高，电池能量密度大，平均输出电压高，自放电小，没有记忆效应，工作温度范围为 -20~60℃，循环性能优越，可快速充放电，充电效率高达 100%，而且输出功率大，使用寿命长，没有环境污染，被称为绿色电池。锂电池的缺点是价格高和高温下安全性能差。随着锂电池的正负极材料的不断开发，技术不断成熟，锂电池将在电动汽车时代发挥主导作用。

根据外壳形式，锂电池可以分为三类：圆柱形电芯、方形电芯以及软包装系列，如图 1-2-1 所示。

a) 圆柱形电芯　　　　　　　b) 方形电芯　　　　　　　c) 软包装

图 1-2-1　锂电池的外壳形式

圆柱形电芯如图 1-2-1a 所示，一般为 18650 封装，特斯拉 MODEL S 车型应用的是 18650 型封装的钴酸锂电池，所谓 18650 是指直径为 18mm、长度为 65mm 的圆柱形电池，如图 1-2-2 所示。

方形电芯也称为硬包装，如图 1-2-1b 所示，结构一般包括：电池上下盖、正极、隔膜、负极、有机电解液以及钢或铝电池壳。

软包装结构，如图 1-2-1c 所示，结构和硬包装类似，包括：正极、隔膜、负极、有机电解液以及铝塑复合膜电池壳。

三种类型的优缺点见表 1-2-1。

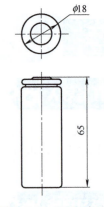

图 1-2-2　18650 电池

表 1-2-1　三种电芯封装形式的优缺点

电池结构	圆柱形	方形	软包装
优点	工艺成熟度高、生产效率高，过程控制严格，成品率级电芯一致性高，壳体结构成熟，工艺制造成本低	对电芯的保护作用高，可以通过减少单体电池的厚度保证内部热量的快速传导，电芯的安全性能有较大的改善	外部结构对电芯的影响小，电芯性能优良，封装采用的材料质量要小，电池的能量密度最高
缺点	集流体上电流密度分布不均匀，造成内部各部分反应程度不一致；电芯内部产生的热量很难得到快速释放，累积会造成电流的安全隐患	壳体在电芯总重中所占的比重较大，导致单体电池的能量密度较低，内部结构复杂，自动化工艺成熟度相对较低	大容量电池制造工艺难度增加，可靠性相对较差；所采用的铝塑合封装膜机其机械强度低，铝塑复合膜的寿命制约了电池使用寿命

根据正极材料的不同，锂电池可以分成许多种类，主流应用的有：钴酸锂电池、锰酸锂电池、磷酸铁锂电池及三元锂电池等。

1.2.2　钴酸锂电池

钴酸锂电池结构稳定、容量比高、综合性能突出、电化学性能优越、加工性能优异、振实密度大、能量密度高，有助于提高电池体积比容量，产品性能稳定，一致性好，标称电压为 3.7V。一般钴酸锂电池如图 1-2-3 所示。

钴酸锂电池正极为钴酸锂聚合物，负极材料为石墨，钴酸锂电池的充放电特性如图 1-2-4 所示。

由图 1-2-4 可以看出，钴酸锂电池充电时终止电压为 4.2V；钴酸锂电池放电时，电压在 3.6V 以后会迅速下降，最小放电终止电压为 2.75V 左右。

图 1-2-3　钴酸锂电池

特斯拉 MODEL S 动力蓄电池的电池单体采用容量约 2.2A·h 的 18650 电池，有 69 节电池并联组成一组，9 组串联组成一层，由 11 层串联组成动力蓄电池，动力蓄电池的电压为

375V 左右，电量为 53kW·h，质量约为 450kg，因此单体电池为 6831 节，一般充电时间为 3~5h。动力蓄电池包如图 1-2-5 所示。

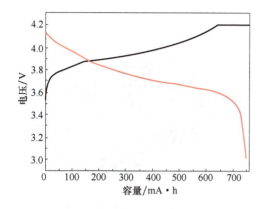

图 1-2-4 钴酸锂电池的充放电特性

图 1-2-5 拆解后的特斯拉 MODEL S 动力蓄电池包

18650 钴酸锂电池也有缺点：首先由 18650 钴酸锂电池组成的电池包，连同双电机和电控系统，至少占整车售价的 60%~70%，成本较高；其次安全性差、热稳定性差，遇到高温或者撞击会释放氧气及大量热。基于以上缺点，钴酸锂电池主要用于中小型号电芯，广泛应用于笔记本电脑、手机、MP3/4 等小型电子设备中，电动汽车中只有特斯拉采用该类型动力蓄电池。

1.2.3 锰酸锂电池

锰酸锂电池是指正极使用锰酸锂材料的电池，相比钴酸锂等传统正极材料，锰酸锂具有资源丰富、成本低、无污染、安全性能好等优点。锰酸锂正极采用尖晶石型锰酸锂和层状结构锰酸锂，一般为 $LiMn_2O_4$，负极为石墨。其标称电压达到 3.7V。锰酸锂电池如图 1-2-6 所示。锰酸锂电池的充放电曲线如图 1-2-7 所示。

如图 1-2-7 所示，锰酸锂电池充电时曲线较为平缓，充电截止电压在 4.2V 左右；放电时当电压低于 3.6V 时会迅速下降，放电截止电压为 2V。

图 1-2-6 锰酸锂电池

东风日产启辰晨风，其采用的电池技术是目前市场上使用最广泛的锰酸锂电池。该电动汽车动力电池包由 192 块电池单体构成，电池容量为 24kW·h，一般需要 4h 左右充满电，续驶里程为 175km，总质量小于 200kg，安装在车身底盘的中部，该电池包如图 1-2-8 所示。

锰酸锂电池材料本身并不太稳定，容易分解产生气体，因此多用于和其他材料混合使用，以降低电芯成本，但其循环寿命衰减较快，容易发生鼓胀，高温性能较差，寿命相对短，主要用于大中型号电芯。

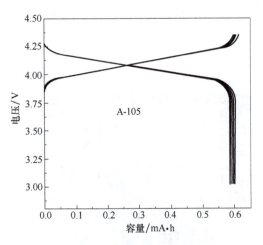

图 1-2-7 锰酸锂电池的充放电曲线

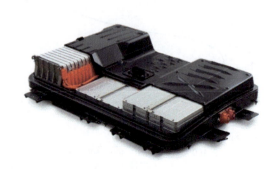

图 1-2-8 启辰晨风锰酸锂动力蓄电池包

1.2.4 磷酸铁锂电池

磷酸铁锂电池是指用磷酸铁锂（$LiFePO_4$）作为正极材料的锂电池。标称电压为3.2V，充电时终止电压为3.6V，放电终止电压为2.0V。

$LiFePO_4$作为电池的正极，由铝箔与电池正极连接，中间是聚合物的隔膜，它把正极与负极隔开，但是锂离子可以通过而电子不能通过，右边是由碳（石墨）组成的电池负极，由铜箔与电池的负极连接。电池的上下端之间是电池的电解质，电池由金属外壳密闭封装。

$LiFePO_4$电池在充电时，正极中的锂离子通过聚合物隔膜向负极迁移；在放电过程中，负极中的锂离子通过隔膜向正极迁移。锂离子电池就是因锂离子在充放电时来回迁移而命名的。

磷酸铁锂电池的充放电特性如图1-2-9所示。

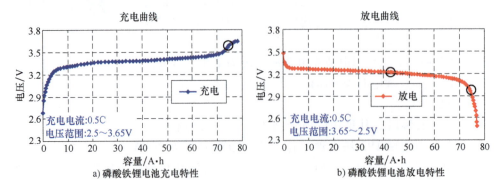

图 1-2-9 磷酸铁锂电池充放电特性

图1-2-9a为磷酸铁锂电池的充电特性，可以看出：如果2.6V时开始充电，初期电压上升速度较快，迅速上升到3.3V左右，随后慢慢增加，直到其充电终止电压3.6V左右。

图1-2-9b为磷酸铁锂电池的放电特性，可以看出：如果3.5V时开始放电，初期电压下

降速度很快,迅速下降到3.3V左右,随后慢慢下降,直到2.6V左右。

相比较其他形式的锂电池,磷酸铁锂电池有以下优点:安全性能好,相比普通锂电池安全性有大幅改善;寿命长,循环寿命达到2000次以上;高温性能好,热峰值可达350~500℃;工作温度范围宽广,为-20~75℃;容量较大,相比普通电池(铅酸等)有更大的容量;无记忆效应,电池可随充随用;质量小,同等规格容量的磷酸铁锂电池的体积是铅酸电池体积的2/3,质量是铅酸电池的1/3;环保。北汽EV160采用了磷酸铁锂电池,如图1-2-10所示。

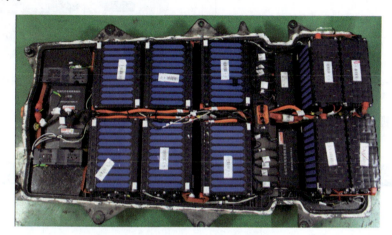

图1-2-10 北汽EV160磷酸铁锂电池

磷酸铁锂电池也有其缺点:低温性能差,正极材料振实密度小,等容量的磷酸铁锂电池的体积要大于钴酸锂等锂电池,即能量密度低,因此在微型电池方面不具有优势。而用于动力蓄电池时,磷酸铁锂电池和其他电池一样,需要面对电池一致性问题。

1.2.5 三元锂电池

三元锂电池是指正极材料使用镍钴锰酸锂(Li(NiCoMn)O_2)三元正极材料的锂电池,是最近几年发展起来的新型锂电电正极材料。三元复合正极材料产品,是以镍盐、钴盐、锰盐为原料,综合了钴酸锂、镍酸锂和锰酸锂三类材料的优点,存在三元协同效应,里面镍钴锰的比例可以根据实际需要调整。三元材料做正极的电池相对于钴酸锂电池安全性高,同时在循环稳定性、热稳定性和安全性能上也有提高。在新能源汽车对动力蓄电池能量密度要求提升的背景下,三元材料作为高容量密度正极材料有望进一步拓展其市场份额。三元材料具有价格优势,成为最具潜力的替代钴酸锂的正极材料。三元锂电池的充放电曲线如图1-2-11所示。

由图1-2-11可以看出,三元锂电池的充电终止电压在4.2V左右,放电终止电压在2.5V左右,三元锂电池单体电池标称电压为3.7V。

北汽EV200采用了三元锂电池,在续驶里程、车机互联、性价比和安全方面都有较大提升,可实现综合工况下超过240km的续驶里程,经济时速下甚至可达260km。北汽EV200纯电动汽车如图1-2-12所示。

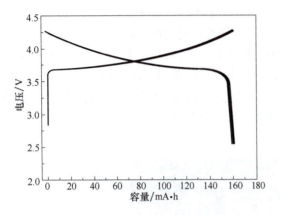

图 1-2-11 三元锂电池充放电曲线

图 1-2-12 北汽 EV200 纯电动汽车

以上四类锂电池的优缺点见表 1-2-2。

表 1-2-2 四类锂电池的对比

名 称	钴酸锂电池	锰酸锂电池	磷酸铁锂电池	三元锂电池
标称电压/V	3.7	3.7	3.2	3.7
充电终止电压/V	4.2	4.2	3.6	4.2
放电终止电压/V	2.75	2	2	2.5
优点	结构稳定、容量比高、综合性能突出、电化学性能优越、加工性能优异、振实密度大、能量密度高	振实密度大、成本低	寿命长、充放电倍率大、安全性好、高温性好、元素无害、成本低	高低温、循环、存储及各项电性能都比较平均。体积比能量高,材料价格适中,并且性能稳定
缺点	安全性差、成本高	耐高温性差,锰酸锂长时间使用后温度急剧升高,电池寿命衰减严重	能量密度低、振实密度小、低温使用性差	耐高温性差、寿命差、大功率放电差、元素有毒
典型车型	特斯拉 Model S	启辰晨风	北汽 EV160	北汽 EV200

1.2.6 锂电池的结构和工作原理

锂电池是指分别用两个能可逆地嵌入与脱嵌锂离子的化合物作为正负极构成的二次电池。电池充电时,阴极中锂原子电离成锂离子和电子,并且锂离子向阳极运动与电子合成为锂原子。放电时,锂原子从石墨晶体内阳极表面电离成锂离子和电子,并在阴极处合成锂原子。所以,在该电池中锂永远以锂离子的形态出现,不会以金属锂的形态出现,所以这种电池叫做锂离子电池(简称锂电池)。

1. 锂电池工作结构

锂电池主要构成为正负极、电解质、隔膜以及外壳，如图 1-2-13 所示。

（1）正极 采用能吸藏锂离子的碳极，放电时，锂变成锂离子，脱离电池正极，到达锂电池阴极。

（2）负极 材料选择电位尽可能接近锂电位的可嵌入锂化合物，如各种碳材料，包括天然石墨、合成石墨、碳纤维、中间相小球碳素等和金属氧化物。

（3）电解质 采用 $LiPF_6$ 的乙烯碳酸酯、丙烯碳酸酯和低黏度二乙基碳酸酯等烷基碳酸酯搭配的混合溶剂体系。

（4）隔膜 采用聚烯微多孔膜，如 PE、PP 或它们的复合膜，尤其是 PP/PE/PP 三层隔膜，不仅熔点较低，而且具有较高的抗穿刺强度，起到了热保险作用。

（5）外壳 采用钢或铝材料，盖体组件具有防爆断电的功能。

2. 锂电池工作原理

锂电池的工作原理就是指其充放电原理，如图 1-2-14 所示。

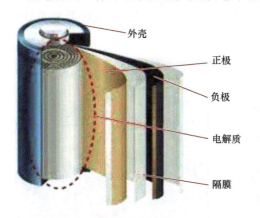

图 1-2-13 锂电池的结构   图 1-2-14 锂电池的工作原理

当对电池进行充电时，电池的正极上有锂离子生成，生成的锂离子经过电解液运动到负极。而作为负极的碳呈层状结构，它有很多微孔，到达负极的锂离子就嵌入到碳层的微孔中，嵌入的锂离子越多，充电容量越高。以钴酸锂电池为例，充电时发生的化学反应为：

正极：$\qquad LiCoO_2 =\!=\!= Li_{1-x}CoO_2 + xLi^+ + xe^-$

负极：$\qquad 6C + xLi^+ + xe^- =\!=\!= Li_xC_6$

同样道理，当对电池进行放电时（即使用电池的过程），嵌在负极碳层中的锂离子脱出，又运动回到正极。回到正极的锂离子越多，放电容量越高。通常所说的电池容量指的就是放电容量，放电时的反应为：

正极：$\qquad Li_{1-x}CoO_2 + xLi^+ + xe^- =\!=\!= LiCoO_2$

负极：$\qquad Li_xC_6 =\!=\! 6C + xLi^+ + xe^-$

不难看出，在锂电池的充放电过程中，锂离子处于从正极→负极→正极的运动状态。如果把锂电池形象地比喻为一把摇椅，摇椅的两端为电池的两极，而锂离子就像优秀的运动健将，在摇椅的两端来回奔跑。所以，专家们又给了锂电池一个可爱的名字——摇椅式电池。

1.2.7 锂电池不能过充过放的原因

放电时锂离子不能完全移向正极，必须保留一部分锂离子在负极，以保证下次充电时的锂离子畅通嵌入通道，否则，电池寿命就相当短。为了保证碳层中放电后留有部分锂离子，也就是锂电池不能过放电，这就要严格限制放电终止电压；同时，根据锂电池工作原理，充电终止电压应为 4.2V，不能过充，否则会因正极材料中的锂离子拿走太多，造成晶型坍塌，而使电池表现出寿命终结状态。由此可见，锂电池充/放电控制精度要求相当高，既不能过充，也不能过放，否则都将影响电池寿命，这是由锂电池工作机理所决定的。

1.2.8 EV160 磷酸铁锂电池的检测

1. 整体电压检测

打开动力蓄电池上的箱体，如图 1-2-15 所示。然后将动力蓄电池内部接触器盒盖打开，露出动力蓄电池组的正极和负极连条，如图 1-2-16 所示。

 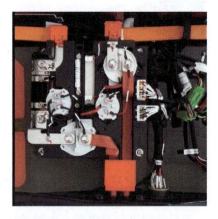

图 1-2-15　拆下动力蓄电池上的箱体　　　　图 1-2-16　动力蓄电池组正负极连条

用万用表检测动力蓄电池电压，电压值应在 320V 左右。

2. 模组电压的检测

如果第一步的检测结果显示电压不正常，则需确定故障模组的位置。拆下每个模组的正极和负极盖板，用万用表检测电压，电压应为 32V 左右。

若不正常，则需进一步检测。

3. 模块电压的检测

拆下模块的盖板，用万用表检测模块电压，电压应为 3.2V 左右。

如发现问题需进行相应的检修操作。

1. 锂电池性能比较好，电池能量密度大，平均输出电压高，自放电小，没有记忆效应。

2. 钴酸锂电池结构稳定、容量比高、综合性能突出、电化学性能优越、加工性能优异、振实密度大，有助于提高电池体积比容量、产品性能稳定，一致性好，标称电压达到3.7V。

3. 锰酸锂电池是指正极使用锰酸锂材料的电池，其标称电压达到3.7V。锰酸锂是成本低、安全性和低温性能好的正极材料。

4. 磷酸铁锂电池是指用磷酸铁锂作为正极材料的锂电池，标称电压为3.2V。北汽EV160采用了该类电池。

5. 北汽EV200采用了三元锂电池，在续驶里程、车机互联、性价比和安全方面都有较大提升，单体电池标称电压为3.7V。

任务工单1.2

任务名称	锂电池检测	学时	4	班级	
学生姓名		学生学号		任务成绩	
实训设备、工具及仪器	电池包实验台4台，万用表4个，组合工具4套。	实训场地	一体化教室	日期	
客户任务描述	小王在某新能源汽车4S店工作，今天接了一辆北汽EV160新能源车，师傅要求小王对已经拆下的动力蓄电池进行基本检查。				
任务目的	请根据任务要求制订工作计划，安全、规范地对北汽EV160新能源车动力蓄电池进行检查。				

一、资讯

1. 锂电池是20世纪开发成功的新型高能电池，这种电池的负极是_____，正极用 MnO_2，$SOCl_2$，$(CF_x)n$ 等，使用_____溶液的电池。

2. 锂电池性能比较好，电池_____大，_____高。_____小，没有_____效应，工作温度范围为_____℃，循环性能优越，可快速充放电，充电效率高达_____%，而且输出功率大，使用寿命长，没有环境污染，被称为_____。

3. 特斯拉MODEL S车型应用的是_____型封装的_____电池，所谓18650是指电池的直径为_____mm，长度为_____mm。

4. 方形电芯也称为硬包装，结构一般包括：_____、正极、_____、负极、有机电解液以及钢或铝_____。

5. 钴酸锂电池结构稳定、_____高、综合性能突出、_____性能优越、加工性能优异、振实密度大、_____高，有助于提高电池_____，产品性能稳定，一致性好，标称电压为_____V。

6. 锰酸锂电池是指正极使用_____材料的电池，相比钴酸锂等传统正极材料，锰酸锂具有资源丰富、_____、无污染、_____好等优点。锰酸锂正极采用_____和层状结构锰酸锂，一般为 $LiMn_2O_4$，负极为_____，其标称电压达到_____V。

7. 磷酸铁锂电池是指用_____作为正极材料的锂电池。标称电压为_____V，充电时终止电压为_____V，放电终止电压为_____V。

8. 磷酸铁锂电池有以下优点：_____好，相比普通锂电池安全性有大幅改善；寿命长，循环寿命达到_____次以上；高温性能好，热峰值可达_____℃；工作温度范围宽，为_____℃；容量较大，相比普通电池（铅酸等）有更大的容量；无_____，电池可随充随用；质量小，同等规格容量的磷酸铁锂电池的体积是铅酸电池体积的_____，质量是铅酸电池的_____；环保。

9. 三元锂电池的充电终止电压在_____V左右，放电终止电压在_____V左右。三元锂电池单体电池标称电压为_____V。

二、计划与决策

请根据任务要求，确定所需要的仪器、工具，并对小组成员进行合理分工，制订详细的检测流程和计划。

1. 需要的仪器、工具

2. 小组成员分工

3. 检测计划

三、实施

1. 整体电压检测

打开_____；

然后将动力蓄电池内部_____盖打开；

露出电池组的正极和_____；

用_____检测动力蓄电池电压；

测量电压值为：_____。

电压值应在_____V 左右。

2. 模组电压的检测

如果第一步的检测结果显示电压不正常，则需确定_____；

拆下每个模组_____和负极盖板；

用万用表检测电压；

测量电压值为：_____。

电压应为_____V 左右。

若不正常，则需进一步检测。

3. 模块电压的检测

拆下模块的_____；

用_____检测模块电压；

检测电压值为：_____。

电压应为_____V 左右。

如发现问题则可以进行相应的检修操作。

通过上述过程，请总结锂电池电压检测过程中需要注意的事项：

1) _____

2) _____

3) _____

四、检查

检查完成后，未发现问题则将动力蓄电池装复，并进行如下检查：

1. 静态检查

检查仪表是否正常显示车辆信息：_____。

2. 动态检查

检查车辆是否正常运行：_____。

3. 电池测试

试车 20min，检查电池电量变化情况、续驶里程变化情况是否正常。

_____

_____

五、评估

1. 请根据自己任务完成的情况，对自己的工作进行自我评估，并提出改进意见。

   1) _____

   _____

   2) _____

   _____

   3) _____

   _____

2. 工单成绩（总分为自我评价、组长评价和教师评价得分值的平均值）

自我评价	组长评价	教师评价	总分

学习单元 1.3　镍氢电池检测

任务导入

小王在丰田 4S 店工作,今天接了一辆三代丰田普锐斯,师傅告知小王检查 HV 电池,你知道如何安全、规范地进行动力蓄电池的检查吗?

学习目标

1. 能通过与客户交流、查阅相关维修技术资料等方式获取车辆信息;
2. 能根据故障现象制订正确的维修计划;
3. 能正确选择诊断设备对普锐斯动力蓄电池的状态进行检查;
4. 能正确记录、分析各种检查结果并做出故障判断;
5. 能根据环保要求,正确处理操作环境。

理论知识

1.3.1　镍氢电池概述

镍基电池可以分为镍氢及镍金属氢化物电池、镍镉及镍锌电池等,其中镍氢电池和镍镉电池应用最为广泛。

1. 镍-氢电池

镍氢电池(以下简称为镍氢电池),是 20 世纪 90 年代发展起来的一种新型绿色电池,具有高能量、长寿命、无污染等特点。20 世纪 60 年代末,科学家发现了一种在一定的温度和压力条件下可吸放大量氢的合金,被称为"吸氢海绵"。有些储氢合金可以在强碱性电解质溶液中反复充放电并长期稳定存在,可作为电池的负极材料,在此基础上发明了镍氢电池。

镍氢电池的单体电池标称电压为 1.2V,丰田普锐斯一代、二代和三代都采用了镍氢电池作为动力蓄电池,如图 1-3-1 所示。

镍氢电池比功率高,其电量储备比镍镉电池多 30%,有较大的充放电电流,无污染、安全性好、技术成熟、综合性好,比镍镉电池轻,使用寿命长。基于以上优点,80% 以上的混合动力汽车采用镍氢电池。

镍氢电池也有相应的缺点:例如价格比镍镉电池成本高,性能比锂电池要差,有轻度的记忆效应,高温环境下性能差等缺点。所谓"记忆效应"就是电池在充

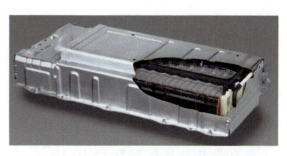

图 1-3-1　第三代丰田普锐斯用镍氢电池组

电前，电池的电量没有被完全放尽，久而久之将会引起电池容量的降低，在电池充放电的过程中（放电较为明显），会在电池极板上产生些许的小气泡，日积月累这些气泡减少了电池极板的面积也间接影响了电池的容量。

2. 镍镉电池

镍镉电池可重复 500 次以上的充放电，经济耐用。内阻很小，可快速充电，又可为负载提供大电流，而且放电时电压变化很小，电池的技术成熟，冲击和振动小，自放电小、性能稳定，可大电流放电，使用温度范围宽：40～65℃，几乎不用维修。镍镉电池的单体电池的标称电压为 1.2V。

电流效率及能量效率尚欠佳，活性物质利用率低，有记忆效应等。其致命缺点是含有有毒金属元素镉。欧盟国家已经自 2005 年 12 月 31 日起禁止了镍镉电池的进口，将逐渐被性能更好的绿色电池所取代。

1.3.2 镍氢电池基本原理

镍氢电池正极的活性物质为 NiOOH（放电时）和 Ni(OH)$_2$（充电时），负极板的活性物质为 H$_2$（放电时）和 H$_2$O（充电时），电解液采用 30% 的氢氧化钾溶液，充放电时的电化学反应如下：

正极： $Ni(OH)_2 - e^- + OH^- \longrightarrow NiOOH + H_2O$

负极： $MHn + ne^- \longrightarrow M + n/2H_2$

放电时电化学方程式如下：

正极： $NiOOH + H_2O + e^- \longrightarrow Ni(OH)_2 + OH^-$

负极： $M + n/2H_2 \longrightarrow MHn + ne^-$

从方程式看出：充电时，负极析出氢气，储存在容器中，正极由氢氧化亚镍变成氢氧化镍（NiOOH）和 H$_2$O；放电时氢气在负极上被消耗掉，正极由氢氧化镍变成氢氧化亚镍。

镍氢电池的充电特性曲线如图 1-3-2 所示。

可以看出，充电时，不同的充电电流对充电特性有很大的影响，主要是充电电流不同使电池温度变化，导致电池充电特性产生差异。一般的充电终止电压都在 1.4V 左右。

镍氢电池的放电特性如图 1-3-3 所示。

可以看出，放电时，不同的放电电流对放电特性有很大的影响，主要是放电电流不同使电池温度变化，导致电池放电特性产生差异。但可以看出，一般的放电终止电压都在 0.9V 左右。

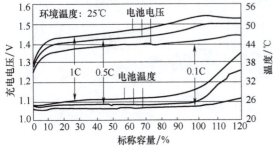

图 1-3-2 镍-氢电池的充电特性

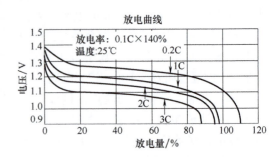

图 1-3-3 镍-氢电池的放电特性

1.3.3 丰田普锐斯 HV 电池

丰田普锐斯动力蓄电池为全封闭的镍-氢（Ni-MH）电池，该单体电池由阳极（金属合金）、阴极（氢氧化镍）、电解质（20%氢氧化钾溶液）组成，一个单体 NiMH 电池的额定电压为 1.2V；能量密度约 80W·h/kg，无记忆效应。三代普锐斯整个动力蓄电池电压为直流 244V 左右，最低不能低于 168V，位于行李箱内后排座位下，如图 1-3-4 所示。

丰田普锐斯高压电池组也称为 HV 电池，主要由电池壳体、电池模块、电池管理系统、接线盒总成、主继电器等组成，如图 1-3-5 所示。

图 1-3-4 丰田普锐斯动力蓄电池组

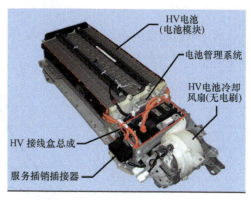

图 1-3-5 普锐斯动力蓄电池组结构

普锐斯高压电池由一个或多个单体电芯并联再串联成一个组合，称电池模块（包）；把每个电池模块串联起来形成动力蓄电池总成。

电池模块由 34 个分模块组成，每个分模块电压为 7.2V，每个分模块由 6 个单元电池组成，每个单元电池电压为 1.2V；电池管理系统主要进行电池状态、剩余电量、温度等的监测，如图 1-3-6 和图 1-3-7 所示。

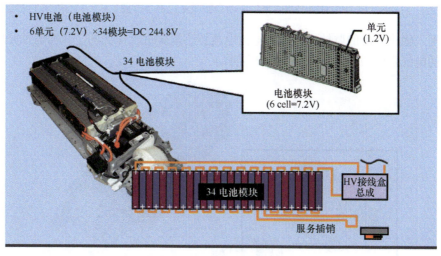

图 1-3-6 普锐斯动力蓄电池模块

图 1-3-7　普锐斯动力蓄电池组

对于电池温度的检测通过电池温度传感器实现，电池温度传感器安装在 HV 电池上部 3 个部位，如图 1-3-8 所示。

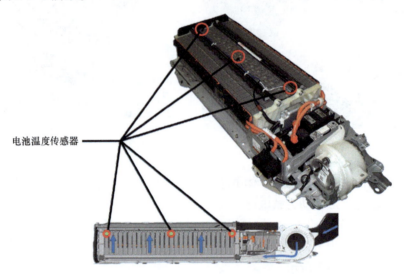

图 1-3-8　普锐斯动力蓄电池温度传感器

电池输入输出电流的监控，是通过电池电流传感器脚进行探测的，从而监控充电时和放电时电池的电流强度，其位置如图 1-3-9 所示。

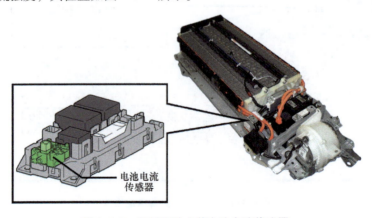

图 1-3-9　普锐斯动力蓄电池电流传感器

二代普锐斯动力蓄电池带有维修开关，其位置位于 HV 电池的右下方，如图 1-3-10 所示。

维修开关是高压互锁的一部分，拆下的维修开关如图 1-3-11 所示。

图 1-3-10　普锐斯动力蓄电池维修开关

图 1-3-11　维修开关

维修开关断开的是电池内部的连接。当拔下维修开关后，用万用表测量电池上两个触电和电池正负极的电压分别为 90V 和 160V 左右。

1.3.4　镍氢电池的正确充电

日常使用的 1.2V 镍氢电池，其充满电压通常为 1.4V，放电终止电压是 0.9V，理论上放电到 0.9V 时已不便使用，应进行充电。

充电方式一种是恒压充电，充电电压为 1.4V，但可能出现电池到达 1.4V 依然没有充满，在这种情况下，镍氢电池充电终止电压就不是镍氢电池饱和电压。这主要是由充电电流引起的，大电流充电有可能在 1.4V 时并未满电。从充电曲线上来看，以 1C 充电的镍氢电池容量到达 100% 的电压可以达到 1.53V，完成充电后恢复到 1.4V 左右。

充电的另一种方式为恒流充电，采用了温升速率法作为充电结束的判断依据，比如，在 0.3C 充电条件下，每分钟温度上升 2℃ 就会停止充电，这时的镍氢充电电压一般都在 1.4V 左右。

镍氢电池的不正确充电会对电池性能造成严重的负面影响，为更加有效地使用镍氢电池，应在充电时注意以下事项：

1）注意充电的温度，这是所有充电环节中最关键的因素，通常应在镍氢电池生产厂家产品说明书中规定的温度（0～45℃）环境中充电，低于规定温度会使电池内部充电不正常，导致电量恢复性能持续下降。而在高于规定温度的状况下，会出现电池发烫的情况，严重时可能产生漏液，流出淡黄色的液体。

2）对电池恒流充电时，开始尽量避免涓流充电，自始至终用涓流充电模式会影响电池特性，特别是导致以后的大电流放电无法启用。但恒流充电后应该设置涓流充电方式，进行补充充电，以达到完全激活因子，补充损失电量的目的。

3）单节镍氢电池一使用完最好立即充电，不要先行与其他电池一起充电，因为放完电的镍氢电池放到一定时候容易造成电池过放电形成极板短路，造成电池永久损坏。

4）对电池充电最好选择能控制充电电流与时间的智能充电器，如果是非智能充电器只有靠自己控制充电时间（因为不设置控制措施的普通充电器极易形成过充）。

5）因为普通镍氢电池月自放电率达20%~30%，所以，每三个月最好充一次电，意义同上述第3项一样，以免过放的损害。

6）不同品牌、不同容量的电池不能混合充电，充电器与电池充电特性不匹配的也不能混合充电。

实践技能

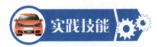

1.3.5 普锐斯电池的检测

1. 解码器进行检测

这种方式需要用解码器进行锂电池的检测。连接解码器后，可以读取电池参数，如图1-3-12所示。

可以看出，通过检测，可以直接读出每个模组的电压值等参数。

2. 车上检查

在钥匙开关置于ON状态下，在变频器和HV电池高压线连接处进行电压的检测。变频器位于如图1-3-13所示的位置。

注意：以下检查需要佩戴安装套装。

位	参数	值	单位
C	Battery Block Vol -V03	17.44	V
pm	Battery Block Vol -V04	17.51	V
a/h	Battery Block Vol -V05	16.09	V
s	Battery Block Vol -V06	17.51	V
V	Battery Block Vol -V07	17.45	V
	Battery Block Vol -V08	17.51	V
%	Battery Block Vol -V09	17.40	V
%	Battery Block Vol -V10	17.53	V
A	Battery Block Vol -V11	17.43	V
C	Battery Block Vol -V12	17.55	V
V	Battery Block Vol -V13	17.46	V
V	Battery Block Vol -V14	17.60	V
KW	Calculate Load	0.0	
KW	Throttle Position	14.5	%

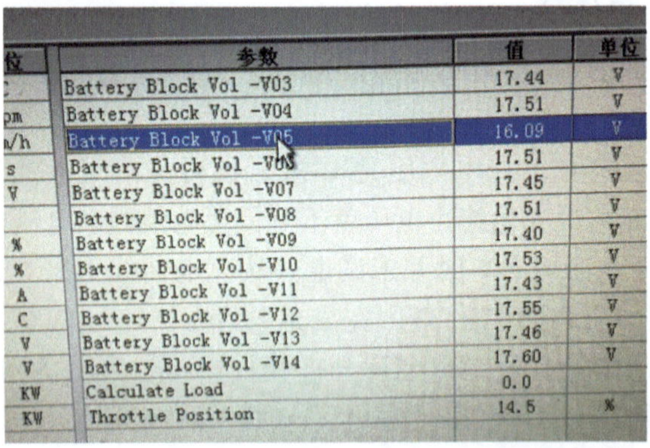

图1-3-12　普锐斯动力蓄电池的检测

打开变频器盖板，如图1-3-14所示。

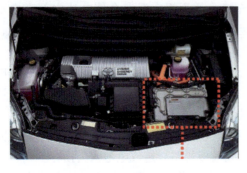

图1-3-13　变频器的位置

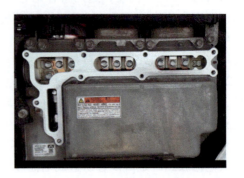

图1-3-14　打开变频器盖板

检测图中左侧两个端子之间的电压即为 HV 电池的开路电压，一代普锐斯电压应为 288V 左右，二代普锐斯动力蓄电池电压应为 273.6V 左右，三代普锐斯应为 244V 左右。

单元小结

1. 镍基电池可以分为镍-氢及镍-金属氢化物电池、镍-镉及镍-锌电池等。其中镍氢电池和镍镉电池应用最为广泛。

2. 镍氢电池比功率高，其电量储备比镍镉电池多 30%，有较大的充放电电流，无污染、安全性好、技术成熟、综合性好，比镍镉电池轻，使用寿命长，并且对环境无污染。基于以上优点，80% 以上的混合动力汽车采用镍氢电池。

3. 丰田普锐斯高压电池组也称为 HV 电池，主要由电池壳体、电池模块、电池管理系统、接线盒总成、主继电器等组成。

任务工单1.3

任务名称	镍氢电池检测		学时	4	班级	
学生姓名			学生学号		任务成绩	
实训设备、工具及仪器	混合动力汽车整车4台，万用表4个。		实训场地	一体化教室	日期	
客户任务描述	小王在丰田4S店工作，今天接了一辆三代丰田普锐斯，师傅告知小王检查HV电池。					
任务目的	请根据任务要求制订工作计划，安全、规范地对HV电池进行检查。					

一、资讯

1. 镍基电池可以分为_____及_____电池、镍-镉及_____电池等。
2. 镍氢电池的单体电池标称电压为_____V，丰田普锐斯一代、二代和三代都采用了_____电池作为动力蓄电池。
3. 镍氢电池_____高，其电量储备比镍镉电池多_____%，有较大的充放电电流，无污染、安全性好、技术成熟、综合性好，比镍镉电池_____，使用寿命长，并且对环境_____。基于以上优点，80%以上的_____汽车采用镍氢电池。
4. 镍氢电池正极的活性物质为_____和_____（充电时），负极板的活性物质为_____（放电时）和_____（充电时），电解液采用30%的_____溶液。
5. 从方程式看出：充电时，负极析出_____，储存在容器中，正极由氢氧化亚镍变成氢氧化镍（NiOOH）和_____；放电时氢气在_____上被消耗掉，正极由氢氧化镍变成氢氧化亚镍。
6. 镍氢电池充电终止电压都在_____V左右。
7. 丰田普锐斯动力蓄电池为全封闭的_____电池，该单体电池由_____（金属合金）、阴极（氢氧化镍）、_____（20%氢氧化钾溶液）组成，一个单体NiMH电池的额定电压为_____V；能量密度约为80W·h/kg，无_____效应。三代普锐斯整个动力蓄电池电压为直流_____V左右，最低不能低于_____V。
8. 电池模块由_____个分模块组成。每个分模块电压为_____V，每个分模块由_____个单元电池组成，每个单元电池电压为_____V；电池管理系统主要进行_____、剩余电量、温度等的监测。
9. 对于电池输入输出电流的监控通过_____进行探测，从而监控充电时和放电时电池的电流强度。
10. 维修开关断开的是电池内部的连接。当拔下维修开关后，用万用表测量电池上两个触电和电池正负极的电压分别为_____V和_____V左右。

二、计划与决策

请根据任务要求，确定所需要的仪器、工具，并对小组成员进行合理分工，制订详细的检测流程和计划。

1. 需要的仪器、工具

2. 小组成员分工

3. 检测计划

三、实施
1. 解码器进行检测
这种方式需要用_____进行普锐斯电池的检测。
连接_____后，可以读取电池参数。
2. 车上检查
在钥匙开关_____状态下，在变频器和 HV 电池_____连接处进行_____的检测。
检测变频器左侧两个端子之间的电压即为_____的开路电压。
一代普锐斯电压应为_____V 左右。
二代普锐斯动力蓄电池电压应为_____V 左右。
三代普锐斯应为_____V 左右。
通过上述过程，请总结检测过程中需要注意的事项：
1) _____
2) _____
3) _____

四、检查
充电完成后，起动开关置 ON 位，并进行如下检查：
1. 检查仪表电量：_____。
2. 检查蓄电池电压：_____。
3. 检查蓄电池剩余电量：_____。

五、评估
1. 请根据自己任务完成的情况，对自己的工作进行自我评估，并提出改进意见。
1) _____
_____
2) _____
_____
3) _____
_____
2. 工单成绩（总分为自我评价、组长评价和教师评价得分值的平均值）

自我评价	组长评价	教师评价	总分

学习情境 1 电池检测与修复

学习单元 1.4　其他电池检测

小王在某新能源汽车 4S 店工作，今天接了一辆低速电动车，该电动车使用胶体电池，师傅要求小王对动力蓄电池进行检查，你知道如何安全、规范地进行动力蓄电池的检查吗？

1. 能通过与客户交流、查阅相关维修技术资料等方式获取车辆信息；
2. 能根据客户要求制订正确的检查计划；
3. 能正确选择诊断设备对动力蓄电池进行检测；
4. 能正确记录、分析各种检测结果并做出故障判断；
5. 能根据环保要求，正确处理对环境和人体有害的废料和损坏的零部件。

1.4.1　胶体电池

国内现在有些较低端的低速电动车依然采用铅酸蓄电池，其缺点是质量大，充电放电功能较差，循环寿命短，对环境的污染严重，强烈的碰撞下易爆炸，因此用传统铅酸电池作为动力蓄电池将会被淘汰。

随着科技的发展，出现了一种改进型的铅酸蓄电池，即在电解液中加入某些物质使电解液变成胶态，这种电池称为胶体电池。胶体电池的单体电池电压一般也为 2V，部分胶体电池的结构如图 1-4-1 所示。

类似于传统铅酸蓄电池，胶体电池的结构由平板式极板作为正负极板，极板上由特殊铅膏配方，电解质为胶体电解质，无液体分层，不需要均衡充电。

胶体电池相比传统的铅酸蓄电池有如下优点：首先制造工艺与铅酸蓄电池完全一样，成本低；其次，容量相比传统铅酸蓄电池高，电池寿命延长；再者，抗极板硫酸盐化能力强，硫酸改性后对板栅腐蚀力要小得多。因此，胶体电池也应用在一些低成本低速电动车上。图 1-4-2 所示的为螺旋形胶体电池。

1.4.2　AGM 电池

AGM 蓄电池是指隔板采用的是超细玻璃棉材料的蓄电池，如图 1-4-3 所示。AGM 电池的结构如图 1-4-4 所示。

AGM 密封铅酸蓄电池使用纯的硫酸水溶液作电解液，其密度为 $1.29 \sim 1.32 \text{g/cm}^3$。除了极板内部吸有一部分电解液外，其大部分存在于玻璃纤维膜之中，如图 1-4-5 所示。可以看出，内部采用了超细玻璃棉材料作为隔板和吸附电解液的材料。

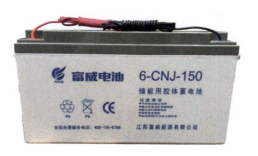

图 1-4-1 胶体电池

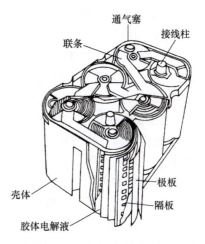

图 1-4-2 螺旋形胶体电池

图 1-4-3 AGM 电池

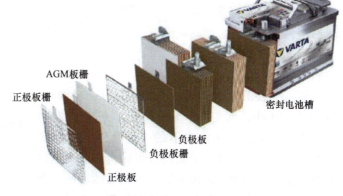

图 1-4-4 AGM 电池的结构

图 1-4-5 AGM 电池内部的超细玻璃棉

为了给正极析出的氧提供向负极的通道，采用了贫液式设计，便于使隔膜保持有 10% 的孔隙不被电解液占有。为了使极板充分接触电解液，极板采用紧装配的方式。

另外，为了保证电池有足够的寿命，极板应设计得较厚，正板栅合金采用 Pb-Ca-Sn-Al 四元合金，并普遍采用压铸工艺提高合金的耐腐蚀性，设计寿命在 20 年以上，比普通铅酸蓄电池提高 50%。

AGM 铅酸蓄电池具有耐酸性高，吸附电解液更强，从而达到更小的内阻，延长铅酸蓄电池的寿命；最重要的是其深度放电性能好，允许短时间频繁大电流放电。

现代化车辆的电气设备因其日益增长的能量需求，要求蓄电池提供更强大的电力。即使车辆停止不动，能量消耗也相当巨大。AGM 蓄电池与常规蓄电池相比有很大的区别：AGM 蓄电池是密封的，电池盖上有排气阀，正常使用过程中，不需要补水；常规蓄电池是非密封的，打开注液盖可以看到电解液，使用中需经常补水。

与相同规格蓄电池相比，AGM 蓄电池价格较高，但具有以下优点：
1）循环充电能力比铅酸蓄电池高 3 倍，具有更长的使用寿命；
2）在整个使用寿命周期内具有更高的电容量稳定性；
3）低温起动更加可靠；
4）降低事故风险，减少环境污染风险（由于酸液 100% 密封装）。

AGM 电池一般用在轻混动车上，或用在带自动起停功能的车上，如奔驰 C 级车上，一般配备的是 AGM 蓄电池和加强型电机。

1.4.3 燃料电池

燃料电池是将燃料的化学能转变为电能的装置，可以分为碱性燃料电池（AFC）、磷酸燃料电池（PAFC）、熔融碳酸盐燃料电池（MCFC）、固体氧化物燃料电池（SOFC）、质子交换膜燃料电池（PEMFC）、直接甲醇燃料电池（DMFC）等类型。图 1-4-6 为质子交换膜燃料电池的工作原理。

质子交换膜燃料电池（Proton Exchange Membrane Fuel Cell，英文简称 PEMFC）是一种燃料电池，在原理上相当于水电解的"逆"装置。其单电池由阳极、阴极和质子交换膜组成，阳极为氢燃料发生氧化的场所，阴极为氧化剂还原的场所，两极都含有加速电极电化学反应的催化剂，质子交换膜作为电解质。工作时相当于一直流电源，其阳极即电源负极，阴极为电源正极。

燃料电池在产生电能时，内部参加反应的反应物质经过不断的消耗反应，由于其不可重复使用性，需不间断地继续输入反应物。燃料电池在其反应稳定后，需要不断地提供燃料而将化学能转变为电能，放电特性连续，但不可反复充电使用。燃料

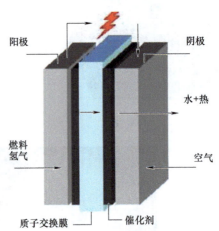

图 1-4-6 质子交换膜燃料电池

电池以氢燃料为主，氢燃料虽然没有任何污染，技术也相对成熟，但成本很高，另外在增加续驶时间等方面还要进一步加强，而且需要有庞大的基础设施配合，这些技术性工作在相当长时间内很难达到预期的效果，商业化比较困难。

燃料电池应用在燃料电池车上（FCV），2014 年年末，丰田发布了量产版氢燃料电池车 Mirai（意为"未来"），并宣布将率先在日本本土上市。

1.4.4 超级电容

超级电容（Super-capacitor，Ultra-capacitor），又名电化学电容器（Electrochemical Capacitor)、双电层电容器（Electrical Double-Layer Capacitor）、黄金电容、法拉电容，是从20世纪七八十年代发展起来的通过极化电解质来储能的一种电化学元件。超级电容如图1-4-7所示。

超级电容器在充电-放电的整个过程中，没有任何化学反应和无高速旋转等机械运动，不存在对环境的污染，也没有任何噪声，结构简单，质量轻，体积小，是一种更加理想的储能器。超级电容器是在混合动力汽车和电动汽车停车时，由外接电源向超级电容器充电使电容器集聚大量的电荷，然后在电动汽车行驶时放电，向驱动电机提供电能。超级电容器能够实现快速充电，在极短时间内即可完成电容器的充电。

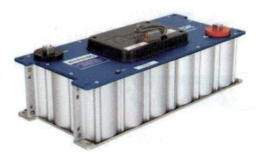

图1-4-7 超级电容

超级电容的突出优点是功率密度高、充放电时间短、循环寿命长、工作温度范围宽。超级电容可以弥补现阶段锂电池在功率密度等方面的不足。目前，它已经应用于军事、新能源汽车以及各种机电设备中。

我国研发动力蓄电池产品的主要性能居国际先进水平，电池产业基础雄厚，但需要解决一些薄弱环节。由于超级电容的容量有限、体积较大，因此一般作为电动汽车的辅助电源。2015年，装配了超级电容组的储能式现代电车在宁波下线，在全球属于首创。亮相的是一辆两节18m长的超级电容储能式BRT快速公交车和两辆12m长超级电容储能式公交车。上述纯电动公交车无须架设空中供电网，只需在公交站点设置充电桩，在乘客上下车30s（12m长的车）或45s（18m长的车）内，即可把电充满并维持运行5km上。而在制动和下坡时，又可以把80%以上的制动能量转换成电能回收存储起来再使用。同样的运行情况下，它比没有回收能力的电车可节约最高一半的电耗。

1.4.5 飞轮电池

飞轮电池是20世纪90年代才提出的新概念电池，它突破了化学电池的局限，用物理方法实现储能。飞轮电池中有一个电机，当飞轮以一定角速度旋转时，它就具有一定的动能。飞轮电池正是以其动能转换成电能的。充电时该电机以电动机形式运转，在外电源的驱动下，电机带动飞轮高速旋转，即用电给飞轮电池"充电"增加了飞轮的转速从而增大其功率；放电时，电机则以发电机状态运转，在飞轮的带动下对外输出电能，完成机械能（动能）到电能的转换。飞轮电池的基本结构如图1-4-8所示。

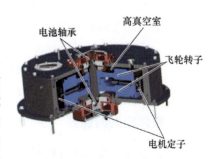

图1-4-8 飞轮电池的基本结构

据称，飞轮电池比能量大，比功率大，使用寿命长达25年，可供电动汽车行驶500万公里。但飞轮电池也有相应的缺点：

1）由于在实际工作中，飞轮的转速可达40000～50000r/min，一般金属制成的飞轮无法承受这样高的转速，容易解体，所以飞轮一般都采用碳纤维制成，制造飞轮的碳纤维材料目前还很贵，成本比较高。

2）飞轮一旦充电，就会不停转动下去，不用电时，飞轮依然转动，浪费能量。因此飞轮电池应用有待推广。

1.4.6 胶体电池的检查与处理

1. 电池充不进电的检查与处理

1）检查充电回路的连接是否可靠，检查连线与插头接触是否完好，认真检查插座和插头有无"打火"烧弧现象，有无线路损伤断线等。

2）检查充电器有无损坏。

3）检查电池自身是否有"接触不良"的断路现象。

4）检查极板是否存在不可逆转硫酸盐化：极板不可逆转硫酸盐化，可经过充放电测量其端电压的变化来判定。在充电时，电池的电压上升特别快，某些单格电压特别高，超出正常值很多；放电时电压下降特别快，电池不存电或存电很少。出现上述情况可判断电池出现不可逆转硫酸盐化。

2. 胶体电池变形的检查与处理

（1）一组电池（3只或4只）同时变形　先做电池电压检查，如果电压基本正常，说明没有短路存在；

检查充电器的充电参数，电压偏高（高于44.7V以上）、无过充电保护或涓流转换点偏低者（低于0.3A以下），要更换充电器。

如充电器检查也正常，那可能是电池组自身老化，需更换电池组。

（2）一组三只电池中只有1只或2只变形　一种是电池荷电不一致，充电时造成某些电池过充电引起变形，荷电不一致的原因，可能有短路单格存在，也可能微短路造成自放电等。

第二种是某些电池出现不可逆转硫酸盐化，内阻增大，充电发热造成变形。

当发生以上问题时，可以进行一组电池的更换，但更换后需要进行均衡充电。

1.4.7 胶体电池的保养

首先，不要等胶体电池电量用完了再充电，放电完后应该及时充电。电池的充电器尽量用质量比较好的充电器，这样有利于提高胶体蓄电池的使用寿命。电池要充足电存放，存放处应阴凉干燥，不要靠近热源，不要阳光直射。存放一个月以上使用前应补电，存放三个月以上应做一次深充放。天热时充电注意电池温度不要过高，别把电池充鼓了，如手摸太热，可以停一停再充。冬天温度低，电池容易充不足，可以适当延长充电时间（如10%）。如是一组电池，当发现单只有问题时应及时更换，可以延长整组的寿命。

单元小结

1. 胶体电池相比传统的铅酸蓄电池有如下优点：首先制造工艺与铅酸蓄电池完全一样，成本低；其次，容量相比传统铅酸蓄电池高，电池寿命延长；再者，抗极板硫酸盐化能力强，硫酸改性后对板栅腐蚀力要小得多。

2. AGM 蓄电池是指隔板采用的是超细玻璃棉材料的蓄电池。

3. 超级电容的突出优点是功率密度高、充放电时间短、循环寿命长、工作温度范围宽，是世界上已投入量产的双电层电容器中容量最大的一种。

任务工单1.4

任务名称	其他电池检测		学时	4	班级	
学生姓名			学生学号		任务成绩	
实训设备、工具及仪器	胶体电池4块,万用表4个。		实训场地	一体化教室	日期	
客户任务描述	小王在某新能源汽车4S店工作,今天接了一辆低速电动车,该电动车使用胶体电池,师傅要求小王对动力蓄电池进行检查。					
任务目的	请根据任务要求制订工作计划,安全、规范地对胶体电池进行检查。					

一、资讯

1. 电解液中加入某些物质使电解液变成_____,这种电池称为_____。胶体电池的单体电池一般也采用_____V系列。

2. 类似于传统铅酸蓄电池,胶体电池的结构由_____作为正负极板,极板上由_____配方,电解质为_____,无液体分层,不需要_____充电。

3. AGM 蓄电池是指_____采用的是_____的蓄电池。

4. AGM 密封铅酸蓄电池使用_____作电解液,其密度为_____ g/cm^3。除了极板内部吸有一部分电解液外,其大部分存在于_____之中。

5. AGM 电池一般用在_____车上,或用在带_____功能的车上。如奔驰 C 级车上。一般配备的是 AGM 蓄电池和_____电机。

6. 燃料电池是将_____的化学能转变为_____的装置。可以分为碱性燃料电池(AFC)、_____(PAFC)、熔融碳酸盐燃料电池(MCFC)、_____(SOFC)、质子交换膜燃料电池(PEMFC)、直接甲醇燃料电池(DMFC)等类型。

7. 质子交换膜燃料电池是一种燃料电池,在原理上相当于水电解的"逆"装置。其单电池由_____、阴极和_____组成,阳极为_____发生氧化的场所,阴极为_____还原的场所,两极都含有加速电极电化学反应的催化剂,质子交换膜作为电解质。

8. 超级电容(Super-capacitor, Ultra-capacitor),又名_____、双电层电容器(Electrical Double-Layer Capacitor)、_____、法拉电容,是从20世纪七八十年代发展起来的通过极化电解质来储能的一种_____元件。

9. 超级电容的突出优点是_____高、充放电时间短、_____长、工作温度范围宽。超级电容可以弥补现阶段_____电池在功率密度等方面的不足。目前,它已经应用于军事、新能源汽车以及各种机电设备中。

二、计划与决策

请根据任务要求,确定所需要的仪器、工具,并对小组成员进行合理分工,制订详细的检查流程和计划。

1. 需要的仪器、工具

2. 小组成员分工

3. 检查计划

三、实施
电池充不进电的检查与处理：
1）检查充电回路的连接是否_____；检查连线与插头接触是否_____；
认真检查插座和插头有否"打火"烧弧现象；
有无线路损伤断线等。
2）检查_____有无损坏。
3）检查_____是否有"接触不良"的断路。
4）检查极板是否存在_____。
可经过充放电测量其_____的变化来判定。
在充电时，电池的电压上升特别快，某些单格电压特别高，超出正常值很多。
放电时电压下降特别快，电池不存电或存电很少。
出现上述情况可判断电池出现_____。
通过上述过程，请总结检查过程中需要注意的事项：
1）_____
_____
2）_____
_____
3）_____
_____

四、检查
检查完成后，
1. 电池的外观情况如何：_____
2. 检查线路情况如何：_____
3. 结论为：_____。

五、评估
1. 请根据自己任务完成的情况，对自己的工作进行自我评估，并提出改进意见。
1）_____
_____
2）_____
_____
3）_____
_____

2. 工单成绩（总分为自我评价、组长评价和教师评价得分值的平均值）

自我评价	组长评价	教师评价	总分

学习单元 1.5　电池包的更换

小王在某新能源汽车 4S 店工作，今天接了一辆车，师傅告知小王需要更换动力蓄电池包，你知道如何安全、规范地进行动力蓄电池的更换吗？

1. 能通过与客户交流、查阅相关维修技术资料等方式获取车辆信息；
2. 能根据客户要求制订正确的维修计划；
3. 能正确选择维修设备对动力蓄电池进行更换；
4. 能根据环保要求，正确处理对环境和人体有害的废料和损坏的零部件。

1.5.1　动力蓄电池的结构

电动汽车动力蓄电池也称为电池包，是由很多个单体电池封装在一起形成的。由于单体电池数量庞大，因此需要有效、合理的封装形式，通过串联、并联等形式来提高电压或增加容量。

北汽 EV200 和 EV160 新能源汽车采用的电池分别为 SK 30.4kW·h 和 PLFP-25.6kW·h 的电池，其电池性能参数如表 1-5-1 所示。

表 1-5-1　北汽 EV200 和 EV160 动力蓄电池

型号	SK-30.4kW·h	PLFP-25.6kW·h
额定电压	332V	320V
电芯容量	91.5A·h	80A·h
额定能量	30.4kW·h	25.6kW·h
连接方式	3P91S	1P100S
电池系统供应商	BESK	PPST
电芯供应商	SKI	ATL
BMS 供应商	SK innovation	E-power
总质量	291kg	293kg
总体积	240L	240L
工作电压范围	250~382V	250~365V
能量密度	104 W·h/kg	86W·h/kg
体积比能量	127W·h/L	107W·h/L

EV200 采用的电池为三元锂电池，每个单体电池额定电压为 3.65V，共有 273 块单体电池组成。北汽 EV160 采用的电池为磷酸铁锂电池，每个单体电池额定电压为 3.2V，共由 100 个单体电池组成。

在电池内部，一定数量的单体电池组成一个电池模块，单体电池之间的连接方式有并联（Parallel connection）和串联（Series connection）两类，因此并联简写为 P，串联简写为 S。EV160 采用 3 片单体电池并联组成一个电池模块，如图 1-5-1 所示。而 EV160 采用 1 块单体电池组成一个电池模块。并联的目的是增加电池模块的容量，而电压不变。

一定数量的电池模块通过串联组成一个电池模组，串联的目的是提高模块的电压。例如 EV160 采用 10 个电池模块串联组成一个电池模组，因此每个电池模组的电压为 3.2V×10 = 32V，如图 1-5-2 所示。

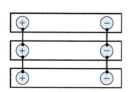 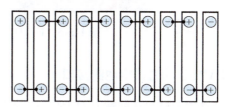

图 1-5-1　EV160 电池模块的结构　　　　图 1-5-2　EV160 电池模组的结构

EV160 电动汽车的电池模组如图 1-5-3 所示。

图 1-5-3　EV160 电动汽车电池模组实物

对于 EV160 电动汽车，10 个电池模组串联组成了一个动力蓄电池包，因此电池包的电压为 32V×10 = 320V。容量和单体电池的容量相同。EV160 动力蓄电池包组成如图 1-5-4 所示。

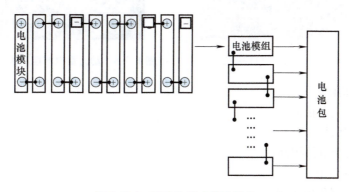

图 1-5-4　EV160 动力蓄电池包

实际的动力蓄电池包如图 1-5-5 所示。

图 1-5-5　EV160 动力蓄电池包实物

1.5.2　EV160 动力蓄电池的接口

EV160 动力蓄电池在前端有两个接口，如图 1-5-6 所示，可以看出接口共有两个，左侧为电源输入输出接口，右侧为通信端接口。

左侧接口连接动力蓄电池高压母线，即为电池的电源接口，相应的高压母线的接口如图 1-5-7 所示。

图 1-5-7 中，1 脚接电源负极，2 脚接电源正极，中间红色方框内为高压互锁端子。用万用表测量 1 和 2 端子应相互连通。

通信接口连接黑色通信线，通信线的接口如图 1-5-8 所示。

图 1-5-6　EV160 动力蓄电池接口

图 1-5-7　高压母线接口

图 1-5-8　动力蓄电池控制线接口

各个端子的作用如下：
B 端子：BMS 供电正极；
C 端子：唤醒信号；
F 端子：负极继电器控制；
G 端子：BMS 供电负极；
H 端子：继电器供电正极；

J 端子：继电器供电负极；
L 端子：低压蓄电池正极；
N 端子：新能源 CAN 屏蔽；
P 端子：新能源 CANH；
R 端子：新能源 CANL；
S 端子：动力蓄电池内部 CANH；
T 端子：动力蓄电池内部 CANL；
U 端子：快充 CANH；
V 端子：快充 CANH；
W 端子：动力蓄电池 CAN 屏蔽。

1.5.3 动力蓄电池参数

电动汽车用动力蓄电池基本性能指标主要有：电压、容量、内阻、功率、输出功率、自放电率等。

1. 基本性能指标

（1）电压　工作电压：电池在一定负载条件下实际的放电电压，如铅酸蓄电池的工作电压为 1.8~2V，镍氢电池的工作电压为 1.1~1.5V，锂电池的工作电压为 2.75~3.6V；

额定电压：电池工作时公认的标准电压，如镍镉电池额定电压为 1.2V，铅酸蓄电池的额定电压为 2V；

放电终止电压：放电终止时的电压值，通常与负载、使用要求有关；

充电电压：外电路直流电压对电池充电的电压。一般地，充电电压要大于开路电压，如镍镉电池的充电电压为 1.45~1.5V，锂离子电池的充电电压为 4.1~4.2V，铅酸蓄电池的充电电压为 2.25~2.7V。

（2）容量　容量是指在充电以后，在一定放电条件下所能释放出的电量，其单位为 A·h，容量与放电电流大小有关，与充放电终止电压有关。一般应用额定容量和实际容量。

理论容量：根据参加电化学反应的活性物质电化学当量数计算得到的电量。

额定容量：是指设计与制造电池时，按照国家或相关部门颁布的标准，保证电池在一定的放电条件下能够放出的最低限度的电量。

实际容量：是指电池在一定的放电条件下实际放出的电量，它等于放电电流与放电时间的乘积。

（3）内阻　电池的内阻是指电池在工作时，电流流过电池内部所受到的阻力，内阻主要是指由电极材料、电解液、隔膜电阻及各部分零件的接触电阻组成，与电池的尺寸、结构、装配等有关。

（4）功率和标称功率　电池的功率是指电池在一定放电制度下，单位时间内输出的能量，单位为 kW。

标称功率，也叫标称输出功率，它是指在用电设备正常使用前提下，能够长时间工作输出功率的最大值。

（5）自放电率与存储性能　对所有化学电源，即使在与外界电路无任何接触的条件下开路放置，其容量也会自然衰减，这种现象称为自放电。电池自放电的大小用自放电率衡量，通常以单位时间内容量减少的百分比表示：

自放电率＝（储存前电池容量－储存后电池容量）/储存前电池容量×100%

2. 其他性能指标

除此之外，电动汽车用电池的性能指标还有比能量（E）、能量密度（Ed）、比功率（P）、循环寿命（L）和成本（C）等。要使电动汽车能与燃油汽车相竞争，关键就是要开发出比能量高、比功率大、使用寿命长、续驶里程大的高效电池。

（1）比能量（E） 电池的比能量有两种：一种叫重量比能量，用瓦时/千克（W·h/kg）表示；另一种叫体积比能量，用瓦时/升（W·h/L）表示。比能量的物理意义是电池为单位重量或单位体积时所具有的有效电能量。它是比较电池性能优劣的重要指标。

必须指出，单体电池和电池组的比能量是不一样的。由于电池组合时总要有连接条、外部容器和内包装层等，故电池组的比能量总是小于单体电池的比能量。

（2）能量密度（Ed） 能量密度是指在一定的空间或质量物质中储存能量的大小。动力蓄电池能量密度越大，储存同样多的能量时自身体积越小。

（3）比功率（P） 电池的单位重量或单位体积的功率称为电池的比功率，它的单位是瓦/千克（W/kg）或瓦/升（W/L）。如果一个电池的比功率较大，则表明在单位时间内，单位重量或单位体积中给出的能量较多，即表示此电池能用较大的电流放电。因此，电池的比功率也是评价电池性能优劣的重要指标之一。

（4）循环寿命（L） 也称为充放电循环寿命，是衡量电池性能的一个重要参数。经受一次充电和放电，称为一次循环（或一个周期）。在一定的充放电制度下，电池容量降至某一规定值之前，电池能耐受的充放电次数，称为二次电池的充放电循环寿命。充放电循环寿命越长，电池的性能越好。

（5）放电率和放电深度 放电率是指放电时的速率，常用"时率"和"倍率"表示。时率是指以放电时间表示的放电速率，即以一定的放电电流放完额定容量所需的时间。倍率是指电池在规定时间内放出额定容量所输出的电流值，数值上等于额定容量的倍数。

放电深度（Depth of discharge，DOD）表示放电程度的一种量度，它是放电容量与总放电容量的百分比。

（6）荷电状态 荷电状态（State of charge，SOC），是指剩余电量与额定容量或实际容量的比例。这一参数是在电动汽车使用中十分关键却不易获取的数据。

1.5.4 动力蓄电池充放电特性

1. 充电

目前，锂电池充电主要是限压限流法，初期恒流（CC）充电，电池接收能力最强，主要为吸热反应，但温度过低时，材料活性降低，可能提前进入恒流阶段，因此在北方冬天低温时，充电前把电池预热可以改善充电效果。随着充电过程不断进行，极化作用加强，温升加剧，伴随析气，电极过电位增高，电压上升，当荷电达到约70%~80%时，电压达到最高充电限制电压，转入恒压（CV）阶段。

2. 过充电

上述过程考虑电池组总电压或平均电压控制，其实总有单体电压较高者，相对组内其他电池已经进入过充电阶段。过充电时，若在恒流阶段发生，由于电流强度大、电压、温升、内压持续升高，以 4V 锂为例，电压达到 4.5V 时，温升 40℃、塑料壳体变硬，4.6V 时温升可达 60℃、壳体形变明显并不可恢复，若继续过充，气阀打开、温升继续升高、不可逆反应加剧。

3. 放电

恒流放电时，电压有一陡然跌落，主要由欧姆电阻造成压降，这个电阻包括连接单体电极的导线电阻和触点电阻，电压继续下降，经过一段时间以后，到达新的电化学平衡，进入放电平台期，电压变化不明显，放热反应加电阻释热使电池温升较高。

上述过程用恒流特性模拟负载电机，实际汽车在行驶中，电机输出功率的变化很复杂，电流双极性变化，即使匀速行驶，路面颠簸、微小转向都使输出功率实时变化，在短时间段里，可以用恒流放电模拟分析，总之大的方向是放电，偶尔有不规则的零脉冲（无逆变功能）或负脉冲（有逆变功能，电池被充电）出现。

4. 过放电

考虑组内单体电池，必有相对的过放电情况。在放电后期，电压接近马尾曲线，组中单体容量正态分布，电压分布很复杂，容量最小的单体电压跌落得也就最早、最快，若这时其他电池电压降低不是很明显，小容量单体电压跌落情况被掩盖，已经被过度放电。

1.5.5 EV160 动力蓄电池的更换

如检测 EV160 需要更换，穿戴好绝缘设备后，按照下列步骤进行更换。

1. 动力蓄电池包拆卸

按照正确规范进行下电操作，举升车辆，佩戴安全防护套装，如图 1-5-9 所示。

拔下低压通信线束插接器；解除高压线束插接器锁止状态；按住 Press1 位置；向后拔，解除第一道锁，注意要拔到位；

按住 Press2 位置；向后拔，解除第二道锁；拔下高压线束插接器；

将动力蓄电池举升平台推至动力蓄电池正下方，并固定脚轮，如图 1-5-10 所示。

图 1-5-9 举升车辆

图 1-5-10 固定脚轮

将举升平台升起，顶住动力蓄电池底部，如图 1-5-11 所示。

按照对角交叉、从外及里原则拆卸动力蓄电池固定螺栓，分多次拆下；缓慢降低举升平台，将动力蓄电池与车体分离，如图 1-5-12 所示。

松开脚轮；将举升平台从车底推出。完成电池包的拆卸过程。

2. 动力蓄电池包安装

将举升平台推入车底，固定脚轮，缓慢将举升平台升起至接近汽车底盘位置。

松开脚轮，调整举升平台位置至定位销与定位孔对齐；再次固定脚轮，继续升起举升平台，将定位销插入定位孔。

图 1-5-11　将举升平台升起

图 1-5-12　将动力蓄电池与车体分离

按照从里到外、对角交叉原则用扭力扳手安装固定螺栓，规定力矩为 95～105N·m。

电池安装好后，松开脚轮，将举升平台推出。

安装动力蓄电池高压线束插接器；向前推，按住 Press2 位置，安装第二道锁；继续向前推，按住 Press1 位置，安装第一道锁，注意安装到位，使高压线束插接器处于锁止位置。

安装低压通信线束插接器。

至此，完成动力蓄电池的更换。

1. 电动汽车动力蓄电池也称为电池包，是由很多个单体电池封装在一起形成的。由于单体电池数量庞大，因此需要有效、合理的封装形式，通过串联、并联等形式来提高电压或增加容量。

2. EV160 动力蓄电池的接口共有两个，左侧为电源输入输出接口，右侧为通信端接口。

3. 电动汽车用动力蓄电池基本性能指标主要有：电压、容量、内阻、功率、输出功率、自放电率等。

任务工单1.5

任务名称	电池包的更换	学时	4	班级	
学生姓名		学生学号		任务成绩	
实训设备、工具及仪器	EV160电动汽车4台，平板推车4台，组合工具4套，扭力扳手4个。	实训场地	一体化教室	日期	
客户任务描述	小王在某新能源汽车4S店工作，今天接了一辆车，师傅告知小王需要更换动力蓄电池包。				
任务目的	请根据任务要求制订工作计划，安全、规范地对新能源汽车进行动力蓄电池更换。				

一、资讯

1. 电动汽车动力蓄电池也称为_____，是由很多个_____封装在一起形成的。由于单体电池数量庞大，因此需要有效、合理的封装形式，通过_____、并联等形式来提高_____或增加_____。
2. EV200采用的电池为_____电池，每个单体电池额定电压为_____V，共由273块单体电池组成。EV160采用的电池为_____电池，每个单体电池额定电压为_____V，共由100个电池单体组成。
3. 在电池内部，一定数量的单体电池组成一个电池模块，单体电池之间的连接方式有_____和串联两类，因此并联简写为_____，串联简写为_____。
4. 一定数量的电池模块通过_____组成一个电池模组，串联的目的是提高模块的_____，例如EV160，采用10个电池模块串联组成一个电池模组，因此每个电池模组的电压为_____V。
5. 对于EV160电动汽车，_____个电池模组串联组成了一个动力蓄电池包，因此电池包的电压为_____V。容量和单体电池的容量_____。
6. 电池在一定负载条件下实际的放电电压称为_____。
7. 外电路直流电压对电池充电的电压称为_____。
8. _____是指在充电以后，在一定放电条件下所能释放出的电量。
9. 设计与制造电池时，按照国家或相关部门颁布的标准，保证电池在一定的放电条件下能够放出的最低限度的电量称为_____。
10. 电池的_____是指电池在一定放电制度下，单位时间内输出的能量。
11. 电池为单位重量或单位体积时所具有的有效电能量称为_____。
12. 填写动力蓄电池控制线接口定义。

B端子：_____；
C端子：_____；
F端子：_____；
G端子：_____；
H端子：_____；
J端子：_____；
L端子：_____；
N端子：_____；
P端子：_____；
R端子：_____；
S端子：_____；
T端子：_____；
U端子：_____；
V端子：_____；
W端子：_____。

二、计划与决策

请根据任务要求，确定所需要的仪器、工具，并对小组成员进行合理分工，制订详细的更换流程和计划。

1. 需要的仪器、工具

2. 小组成员分工

3. 更换计划

三、实施

1. 动力蓄电池包拆卸

按照正确规范进行_____，举升车辆，佩戴_____；

拔下_____插接器；

解除_____插接器锁止状态；拔下高压线束插接器；

将_____推至动力蓄电池正下方，并固定脚轮；

将_____升起，顶住动力蓄电池底部；

按照_____原则拆卸动力蓄电池固定螺栓，分多次拆下；

缓慢降低举升平台，将动力蓄电池与_____分离；

松开脚轮；将举升平台从_____推出。完成电池包的拆卸过程。

2. 动力蓄电池包安装

将_____推入车底；固定脚轮；缓慢将举升平台升起至接近汽车底盘位置；松开脚轮，调整_____位置至_____与定位孔对齐；再次固定脚轮，继续升起举升平台，将_____插入定位孔；

按照_____原则用扭力扳手安装固定螺栓，规定力矩为_____ N·m。

电池安装好后，松开脚轮，将举升平台推出；

安装动力蓄电池高压线束插接器；安装低压通信线束插接器。

至此，完成动力蓄电池的更换。

通过上述过程，请总结更换动力蓄电池过程中需要注意的事项：

1) _____

2) _____

3) _____

四、检查

充电完成后,起动开关置于 ON 位,并进行如下检查:

1. 检查仪表是否点亮:_____。
2. 检查车辆是否正常工作:_____。
3. 检查仪表上车辆故障灯是否点亮:_____。

五、评估

1. 请根据自己任务完成的情况,对自己的工作进行自我评估,并提出改进意见。

1) _____
   _____

2) _____
   _____

3) _____
   _____

2. 工单成绩(总分为自我评价、组长评价和教师评价得分值的平均值)

自我评价	组长评价	教师评价	总分

学习情境 2
电池管理系统测试

> **学习目标**

➢ 能通过与客户交流、查阅相关维修技术资料等方式获取车辆信息。

➢ 能识别动力蓄电池管理系统主要零部件并介绍各个部件的作用。

➢ 能掌握动力蓄电池内部状态管理、能量管理、热管理以及信息管理。

➢ 能找到车辆上故障诊断接口。

➢ 能根据故障需求选择正确的诊断和检测设备。

➢ 能根据环保要求,正确处理对环境和人体有害的辅料、废气、液体和损坏零部件。

 学习单元 2.1　电池管理系统认知

 任务导入

小王在某新能源汽车 4S 店工作，今天接了一辆车，师傅让小王读取车辆电池信息，你知道如何读取吗？

 **学习目标**

1. 能通过与客户交流、查阅相关维修技术资料等方式获取车辆信息；
2. 能根据客户要求制订正确的维修计划；
3. 能正确选择诊断设备对动力蓄电池进行信息的读取；
4. 能正确记录、分析各种检测结果并做出判断；
5. 能根据环保要求，正确处理对环境和人体有害的废料和损坏的零部件。

 **理论知识**

2.1.1　动力蓄电池管理系统功能

电动车未来将以二次电池为主要动力驱动来源，主因在于二次电池有高能量密度优势，性能较为稳定。然而二次电池大量生产时品质不易掌握，电池芯出厂时电量即存在细微差异，且随着操作环境、老化等因素，电池间不一致性将愈趋明显，电池效率、寿命也都将变差，再加上过充或过放等情况，严重时可能导致起火燃烧等安全问题。

电池管理系统（Battery Management System），即 BMS，通过检测电池组中各单体电池的状态来确定整个电池系统的状态，并根据它们的状态对动力蓄电池系统进行对应的控制调整和策略实施，实现对动力蓄电池系统及各单体电池的充放电管理，以保证动力蓄电池系统安全稳定的运行。电池管理系统如图 2-1-1 所示。

新能源汽车 BMS 是一个复杂的系统，它必须具备实时监控并调整电池管理状态的能力，并可以与多个平行子系统同步协调工作。车辆实际行驶中，加速和减速总是在不停地交替进行着，所以 BMS 必须能够接收动态信息反馈并不停地调整其监控管理方式。BMS 是动力蓄电池的核心配件，主要功能有：

1）监测电池组中各个单体电芯的健康状况，平衡各个电芯的性能，保证所有电芯都在额定工作范围内，当电芯被透支时最大限度地保护电池组整体功能，为个别电芯充电提供接入方式；

2）在系统失控或失去联系时提供故障保护，在紧急状态下（如过载、火灾等）将电池隔离，在部分电芯失效时提供"应急行驶模式"；

3）监控电池温度，调整散热/保温器的工作状态，保证电池在最佳温度运行；

4）向系统和车主提供电池 SOC 信息（荷电状态）和 SOH 信息（健康程度），计算电池

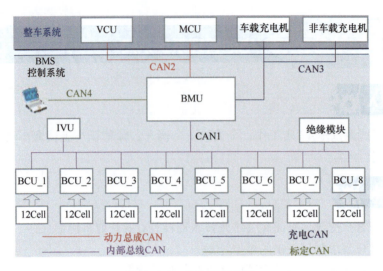

图 2-1-1　电池管理系统

剩余电量可行驶的里程；

5）为电池提供最佳充电流程，并设定合适的充放电比例，防止回收动能时对电池过度充电；

6）为起动车辆前的负载阻抗测试预留足够的电量，实现分阶段充电以限制涌流的发生；

7）适应车辆驾驶模式的变化，实时调整电池管理模式；

8）记录电池使用情况，做使用历史记录；

9）获取并执行相关子系统给予的信息及命令。

BMS 通过通信接口与整车控制器、电机控制器、能量管理系统、车载显示系统等进行通信，整个工作过程大致为：首先利用数据采集模块采集电池的电流、电压和温度等数据，然后将采集到的数据发送给主控模块，主控模块对数据进行分析和处理后，发出对应的程序控制和变更指令，最后对应的模块做出处理措施，对电池系统或电池进行调控，同时将实时数据发送到显示单元模块。

在动力蓄电池管理系统中的软件设计功能一般包括电压检测、温度采集、电流检测、绝缘检测、SOC 估算、CAN 通信、放电均衡功能、系统自检功能、系统检测功能、充电管理、热管理等。整体的设计指标包括最高可测量总电压、最大可测量电流、SOC 估算误差、单体电压测量精度、电流测量精度、温度测量精度、工作温度范围、CAN 通信、故障诊断、故障记忆功能、在线监测与调试功能等。图 2-1-2 为某款电动汽车动力蓄电池管理系统所具备的基本功能框图。

1. 电池状态监测

电池状态监测一般是指对电压、电流、温度和绝缘四种物理量的监测，温度监测除了需要监测电池自身温度外，还需要监测环境温度、电池箱的温度等，这将对电池的剩余容量的评估、安全保护等方面具有非常重要的意义。图 2-1-3 为仪表板上显示的动力蓄电池的温度。

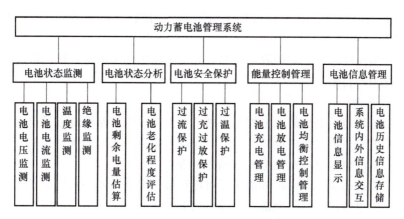

图 2-1-2　电池管理系统功能框图

2. 电池状态分析

电池状态分析包括电池的剩余电量估算（SOC）及电池老化程度评估（SOH）两部分。对于电动汽车，行驶过程中需要时刻了解剩余电量，从而估算出剩余行驶距离，以便于驾驶人进行充电，这就是电池管理系统剩余电量估算模块的功能，图 2-1-4 显示的为剩余电量估算。

电池的老化程度评估是相对于出厂时来讲，电池所能装载的最大容量相对于出厂时的最大容量的比值，反映了电池的老化程度。SOH 受动力蓄电池使用过程中的工作温度、放电电流的大小等因素的影响，需要在使用过程中不断进行评估和更新，确保驾驶人获得更为准确的信息。

3. 电池的安全保护

电池的安全保护无疑是电动汽车动力蓄电池管理系统首要的功能，"过流保护""过充过放保护"和"过温保护"是最为常见的电池安全保护的内容。

过流保护，有时也被称为电流保护，指在充放电过程中，如果工作电流超过了安全值，则应该采取相应的安全保护措施，在仪表上也会有相应的警告标识，如图 2-1-5 所示。

图 2-1-3　电池温度显示　　　图 2-1-4　剩余电量估算　　图 2-1-5　动力蓄电池故障警告标识

过充过放保护包含两个内容：过充保护是指电池的荷电状态为 100% 时，为了防止继续充电造成的电池损坏而采取切断电池的充电回路的保护措施。过放保护是指电池的荷电状态为 10% 时，为了防止继续放电造成的电池损坏而采取切断电池的放电回路的保护措施。实际操作中，过充过放保护有一种简单的实现方式，即设定充、放电的截止保护电压，即检测到的电池电压高于或者低于所设定的门限电压值，则及时切断电流回路以保护电池。

过温保护指当温度超过一定的限定值时，对动力蓄电池采取保护性的措施，是为了保证电池在极端情况下不自燃。

4. 能量控制管理

电池的控制管理包括电池的充电控制管理、电池的放电控制管理以及电池的均衡控制管理。在电池的充放电过程中对电池的电压、电流等参数进行实时的优化控制，优化的目标包括充放电时长、充放电效率以及充电的饱满程度等。

电池的均衡管理是指采取一定的措施尽可能地降低电池的不一致性的负面影响，以达到优化电池组整体放电效能，延长电池组整体寿命的效果。

5. 电池信息管理

电池运行过程中会产生大量的数据，这些数据有些需要在仪表显示，因此需要信息管理系统。内容包括电池的信息显示、系统内外信息的交互以及电池历史信息存储。

电池管理系统在硬件上可以分为主控模块和从控模块两大块，其主要由数据采集单元（采集模块）、中央处理单元（主控模块）、显示单元、均衡单元检测模块（电流传感器、电压传感器、温度传感器、漏电检测）、控制部件（熔断装置、继电器）等组成。中央处理单元由高压控制回路、主控板等组成，数据采集单元由温度采集模块、电压采集模块等组成。一般采用CAN现场总线技术实现相互间的信息通信。

2.1.2 北汽EV160电池管理系统

北汽EV160的电池管理系统是电池保护和管理的核心部件，在动力蓄电池系统中，它的作用就相当于人的大脑。它不仅要保证电池安全可靠的使用，而且要充分发挥电池的能力和延长使用寿命，作为电池和整车控制器以及驾驶人沟通的桥梁，通过控制接触器控制动力蓄电池组的充放电，并向VCU上报动力蓄电池系统的基本参数及故障信息。北汽EV160电池管理系统硬件如图2-1-6所示。

北汽EV160电池管理系统具备的功能：通过电压、电流及温度检测等功能实现对动力蓄电池系统的过压、欠压、过流、过高温和过低温保护，继电器控制、SOC估算、充放电管理、均衡控制、故障报警及处理、与其他控制器通信等功能。此外，电池管理系统还具有高压回路绝缘检测功能，以及为动力蓄电池系统加热功能。

图2-1-6 北汽EV160电池管理系统硬件

北汽EV160电池管理系统工作原理如下：动力蓄电池模组放置在一个密封并且屏蔽的动力蓄电池箱里面，动力蓄电池系统使用可靠的高压插接件与高压控制盒相连，然后输出的直流电由电机控制器转变为三相交流高压电，驱动电机工作；系统内的BMS实时采集各电芯的电压、各温度传感器的温度值、电池系统的总电压值和总电流值等数据，时时监控动力蓄电池的工作状态，并通过CAN总线与VCU或充电机之间进行通信，对动力蓄电池系统充放电等进行综合管理。

2.1.3 北汽 EV160 电池管理系统的组成

电池管理系统按性质可分为硬件和软件,其中,BMS 的硬件主要包括:主板、从板及高压盒,还包括采集电压线、电流、温度等数据的电子器件;BMS 的软件包括监测电池的电压、电流、SOC 值、绝缘电阻值、温度值,通过与 VCU、车载充电机的通信,来控制动力蓄电池系统的充放电。

北汽 EV160 电池管理系统按功能分为数据采集单元和控制单元;数据采集单元主要包括低压控制盒(也称分控盒),控制单元主要包括主控盒和高压盒。除此之外,还包含辅助元器件。各单元间通过 CAN 总线进行通信。北汽 EV160 电池管理系统的硬件结构如图 2-1-7 所示。

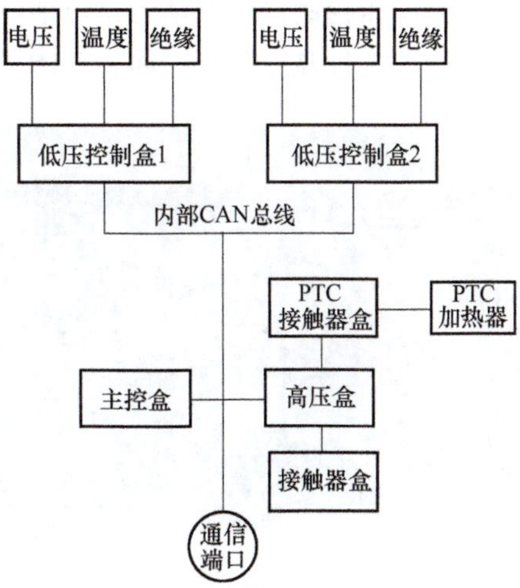

辅助元器件主要包括动力蓄电池系统内部的电子电器元件,如熔断器、继电器、分流器、接插件、紧急开关、烟雾传感器等,维修开关以及电子电器元件以外的辅助元器件,如密封条、绝缘材料等。

图 2-1-7 北汽 EV160 电池管理系统硬件

1. 分控盒和主控盒

北汽 EV160 的动力蓄电池由 10 个电池模组组成,分成两组,每组 5 个电池模组共用一个分控盒,如图 2-1-8 所示,将各自的电压、温度等信号传递给分控盒。

分控盒也称为低压控制盒(BMU)有 3 个接口,如图 2-1-9 所示,最左侧的线束接口连接主控盒,中间的线束接口进行绝缘监测,最右侧的接口连接各个传感器,用来进行电池电量估算、温度控制等。分控盒监控动力蓄电池的单体电压、电池组的温度,主要功能:监控每个单体电压反馈给主控盒、监控每个电池组的温度反馈给主控盒、检测高压系统绝缘性能、电量(SOC)值监测、将以上项目监控到的数据反馈给主控盒。

图 2-1-8 各分控盒

图 2-1-9 分控盒

两个分控盒通过总线连接到主控盒,将各个电池的基本信息传递给主控盒。主控盒的位置如图 2-1-10 所示。

主控盒接收分控盒传来的信息,同时,主控盒也是一个连接外部通信和内部通信的平台,主要功能如下:接收电池管理系统反馈的实时温度和单体电压(并计算最大值和最小值)、接收高压盒反馈的总电压和电流情况、与整车控制器的通信、与充电机或快充桩通信、控制正/负主继电器、控制电池加热、唤醒应答、控制充/放电电流等。主控盒外形图如图2-1-11所示。

2. 高压盒

高压盒的线路连接到接触器盒,高压盒内部有继电器,用来控制接触器的控制电流通断,同时高压控制盒还将动力蓄电池总电流监测信号转换成低压信号发送到总线上。高压盒在电池中和主控盒安装在一起,如图2-1-12所示。高压盒的外观如图2-1-13所示。

图2-1-10　主控盒的位置

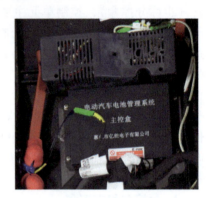

图2-1-11　主控盒

3. 接触器盒

在电动汽车中,采用接触器控制动力蓄电池的电流通断,在电池管理系统中,主接触器位于电池前端、主控盒的右侧,如图2-1-14所示。

图2-1-12　高压盒

图2-1-13　接触器盒

接触器和继电器的工作原理是一样的,用来实现电路的通断。继电器的主要作用是信号检测、传递、变换或处理,通断的电路电流较小,一般用在控制电路中。接触器主要用在接通或断开主电路。打开接触器盒盖,可以看到接触器、熔断器等,如图2-1-14所示。

4. 辅助元件

主要包括动力蓄电池系统内部的电子电器元件（如熔断器、接触器、电流传感器、插接件、维修开关、烟雾传感器等）、维修开关以及电子电器元件以外的辅助元器件（如密封条、绝缘材料等）。对于电动汽车动力蓄电池管理系统，需要进行电压监测、温度监测等，因此需要有相应的传感器检测相应的信号。如图 2-1-15 所示，为电压检测和温度监测的信号线。

图 2-1-15 中红色的线为各个电池模块的电压检测线，黑色为温度监测信号线。

另外，出于安全考虑，在串联 10 个电池模组时，将其分成两组，其中 7 组串接在一起，剩余 3 组串接在一起，两组用一个 250A 的熔断器进行串联，如图 2-1-16 所示。

该熔断器承受的最大电流为 250A，当动力蓄电池出现故障或其他原因导致输入或输出电流变大后，该熔断器会烧断，从而断开电池模组的串联，使电路变成断路，从而保护车辆。

图 2-1-14 接触器

图 2-1-15 电压和温度监测信号线

图 2-1-16 动力蓄电池中 250A 熔断器

拓展阅读

2.1.4 动力蓄电池的防护级别

动力蓄电池箱体的作用为承载并保护动力蓄电池组及其内部的电气元件，因此需要电池箱体具有较高的强度和刚度并且防尘防水。电池箱体的防护等级为 IP67。

IP 为标记字母，数字 6 为第一标记数字，7 为第二标记数字。

1. 第一标记数字

第一标记数字表示接触保护和外来物保护等级，各个级别定义如下：

0——无防护；

1——能够防止直径大于 50mm 完全进入；

2——能够防止直径大于 12.5mm 完全进入;

3——能够防止直径大于 2.5mm 完全进入;

4——能够防止直径大于 1.0mm 完全进入

5——防护灰尘,不可能完全阻止灰尘进入,但灰尘进入的数量不会对设备造成伤害;

6——灰尘封闭,柜体内在 20 毫巴(mbar)的低压时不应进入灰尘。

2. 第二标记数字

第二标记数字表示防水保护等级。各个等级的含义如下:

0——无防护;

1——水滴防护,垂直落下的水滴不应引起损害;

2——柜体倾斜 15°时,防护水滴柜体向任何一侧倾斜 15°时,垂直落下的水滴不应引起损害;

3——防护溅出的水,以 60°从垂直线两侧溅出的水不应引起损害;

4——防护喷水,从每个方向对准柜体的喷水都不应引起损害;

5——防护射水,从每个方向对准柜体的射水都不应引起损害;

6——防护强射水,从每个方向对准柜体的强射水都不应引起损害;

7——防护短时浸水,柜体在标准压力下短时浸入水中时,不应有能引起损害的水量浸入;

8——防护长期浸水,可以在特定的条件下浸入水中,不应有能引起损害的水量浸入。

2.1.5 新款 EV160 的主控盒和接触器盒

较新车型中,电池管理系统将主控盒由高压盒合成整体式主控盒,也称为 BCU,如图 2-1-17 所示。

整合在一起后,依然起到原来主控盒和高压盒的作用。

新款北汽 EV160 将接触器也放在一个盒子里,称为接触器盒,如图 2-1-18 所示。

图 2-1-17 BCU

图 2-1-18 新款 EV160 接触器盒

接触器盒主要包括 4 个接触器,如图 2-1-19 所示。

4 个接触器分别为预充接触器、总正接触器、总负接触器和 PTC 加热(用于电池加热)接触器。

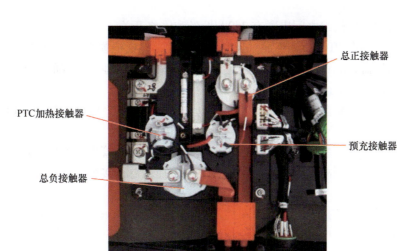

图 2-1-19　打开后的接触器盒

2.1.6　通过中控读取 EV160 动力蓄电池信息

早期的 EV160 可以通过中控台多媒体读取动力蓄电池信息。具体步骤如下：

1. 打开起动开关

起动开关置 ON 位。

2. 观察仪表盘

1）仪表盘显示剩余电量、平均电耗、续驶里程、动力蓄电池电压、工作电流等信息；可以直接读取。

2）从中控台主界面进入"车辆监控"，点击"电池状态"，显示电池系统总电压、电池系统充放电电流，点击"电机状态"，显示直流母线电压，点击"故障诊断"，显示电池总电压、电池放电电流、单体电池最高电压、单体电池最低电压、单体电池最高温度、单体电池最低温度、电池正极对地绝缘电阻以及电池负极对地绝缘电阻。

2.1.7　动力蓄电池内部认知

1）穿戴安全防护套装；

2）使用绝缘工具拆卸连接螺栓；

3）打开上箱盖，上箱盖和下箱体之间采用密封垫和密封胶双重密封；

4）对电池内部进行认知：

电池内部由 10 个电池模组串联而成，1 号模组正极通过连接电缆与 2 号模组负极相连，2 号模组正极通过连接电缆与 3 号模组负极相连，以此类推进行串联，9 号模组正极通过连接电缆与 10 号模组负极相连。10 号模组正极通过汇流条连接总正接触器，总正接触器通过汇流条连接动力母线接口的正极，1 号模组负极通过汇流条连接总负接触器，总负接触器通过汇流条连接动力母线接口的负极。

在 7 号模组和 8 号模组之间串联有 250A 熔丝和维修开关。

每个电池模组均有 PTC 加热装置，当温度较低时，对电池模组进行加热。

主控盒、高压盒、总正接触器、总负接触器以及动力蓄电池中后部的两个子控盒组成了电池管理系统的硬件部分。

左右两个子控盒分别监控左右两列动力蓄电池模组的电压、温度、绝缘等信息，通过总线传送给主控盒。

子控盒把信息传递给主控盒后，主控盒来进行电池的均衡管理、温度管理等。当车辆上电、下电、充电以及出现故障时，主控盒通过高压盒控制总正接触器、总负接触器的闭合或断开。

主控盒通过低压通信接口与外部整车控制器进行通信。电压传感器连接端子，用来检测每个电池模块的电压。温度传感器，每个模组配置一个。

单元小结

1. 通过电池管理系统准确测量电池组使用状况，保护电池不至于过度充放电，平衡电池组中每一颗电池的电量，以及分析计算电池组的电量并转换为驾驶人可理解的续驶里程信息，确保动力蓄电池可安全运作。

2. 新能源汽车 BMS 是一个复杂的系统，它必须具备实时监控并调整电池管理状态的能力，并可以与多个平行子系统同步协调工作。

3. 北汽 EV160 电池管理系统按功能分为数据采集单元和控制单元；数据采集单元主要包括分控盒，控制单元主要包括主控盒。除此之外，还包含辅助元器件。

任务工单 2.1

任务名称	电池管理系统认知	学时	4	班级	
学生姓名		学生学号		任务成绩	
实训设备、工具及仪器	北汽 EV160 整车 4 台，万用表 4 个。	实训场地	一体化教室	日期	
客户任务描述	小王在某新能源汽车 4S 店工作，今天接了一辆车，师傅让小王读取车辆电池信息。				
任务目的	请根据任务要求制订工作计划，安全、规范地对新能源汽车进行充电。				

一、资讯

1. 电池管理系统即_____，通过检测电池组中各_____的状态来确定整个电池系统的状态，并根据它们的状态对_____进行对应的控制调整和策略实施，实现对动力蓄电池系统及各单体的_____以保证动力蓄电池系统安全稳定地运行。

2. BMS 通过_____与整车控制器、_____、能量管理系统、车载显示系统等进行通信，整个工作过程大致为：首先利用_____采集电池的电流、电压和温度等数据，然后将采集到的数据发送给_____，主控模块对数据进行分析和处理后，发出对应的程序控制和变更指令，最后对应的模块做出处理措施，对_____或电池进行调控，同时将实时数据发送到_____。

3. 在动力蓄电池管理系统中的软件设计功能一般包括_____、温度采集、_____、绝缘检测、SOC 估算、_____、放电均衡功能、_____、系统检测功能、充电管理、热管理等。

4. 电池状态监测一般是指对_____、电流、_____和_____四种物理量的监测，温度监测除了需要监测电池自身温度外，还需要监测_____、电池箱的温度等，这将对电池的_____的评估、安全保护等方面具有非常重要的意义。

5. 电池状态分析包括电池的_____（SOC）及_____（SOH）两部分。

6. _____无疑是电动汽车动力蓄电池管理系统首要的功能，"_____""过充过放保护"和"_____"是最为常见的电池安全保护的内容。

7. 电池的控制管理包括电池的_____、电池的以及电池的均衡控制管理。在电池的充放电过程中对电池的_____、电流等参数进行实时的优化控制，优化_____的目标包括充放电时长、_____以及充电的饱满程度等。

8. 北汽 EV160 电池管理系统按功能分为_____和_____；数据采集单元主要包括_____，控制单元主要包括_____。除此之外，还包含辅助元器件。各单元间通过 CAN 总线进行通信。

9. 高压盒的线路连接到_____，高压盒内部有_____，用来控制接触器的控制电流通断，同时高压控制盒还将动力蓄电池_____监测信号转换成低压信号发送到_____上。

二、计划与决策

请根据任务要求，确定所需要的仪器、工具，并对小组成员进行合理分工，制订详细的读取流程和计划。

1. 需要的仪器、工具

2. 小组成员分工

3. 读取信息计划

三、实施

1. 打开起动开关

起动开关置_____位。

2. 观察仪表盘

1）仪表盘显示是否正常_____；

平均电耗、_____；

动力蓄电池电压、_____信息；可以直接读取。

读取值分别为：_____。

2）从中控台主界面进入"_____"；

单击"_____"，显示电池系统总电压、电池系统充放电电流；

读取值为：_____。

单击"电机状态"，显示_____；

单击"故障诊断"，显示电池总电压、_____、单体电池最高电压、_____、单体电池最高温度、单体电池最低温度、_____对地绝缘电阻以及电池负极对地绝缘电阻。

通过上述过程，请总结充电过程中需要注意的事项：

1) _____

_____

2) _____

_____

3) _____

_____

四、检查

通过读取电池信息，可知：

电池电压是否正常：_____；

单体电池最高电压为：_____；

单体电池最低电压为：_____；

通过读取电池信息，判断电池整体是否正常：_____。

五、评估

1. 请根据自己任务完成的情况，对自己的工作进行自我评估，并提出改进意见。

1) _____

_____

2) _____

_____

3) _____

_____

2. 工单成绩（总分为自我评价、组长评价和教师评价得分值的平均值）

自我评价	组长评价	教师评价	总分

学习单元 2.2　动力蓄电池状态监测

小王在某新能源汽车 4S 店工作，今天接了一辆车，动力蓄电池的 PTC 加热系统不工作。你知道 PTC 加热系统的结构吗？

1. 能通过与客户交流、查阅相关维修技术资料等方式获取车辆信息；
2. 能根据故障现象制订正确的维修计划；
3. 能正确认知动力蓄电池的状态管理；
4. 能正确记录、分析各种检测结果并做出故障判断；
5. 能根据环保要求，正确处理工作过程的环境和安全问题。

2.2.1　动力蓄电池状态监测概述

动力蓄电池的状态管理主要包括电池状态监测和电池状态评估。电池状态的监测包括电压监测、电流监测、温度监测等；电池状态评估包括剩余电量估算及电池老化评估等。

电池状态监测主要进行电池信息的采集，目前，信息采集系统有三种拓扑结构，一种是分布式信息采集系统，如图 2-2-1 所示。

这种系统的电压、温度等信息采集及状态评估等信息，通过总线与主控通信。这种拓扑结构的优点是设计、构造简单，连线少，可靠性高，便于扩展。但是这类拓扑结构每支电池都需要一块控制板，安装繁琐，成本高。

另一种是集中控制式，如图 2-2-2 所示。

这种系统电压、温度等信息采集以及状态评估等工作均由主控完成（无从控），主控与电池无总线通信，直接用导线相连。这种拓扑结构的优点是设计、构造简单，缺点是连线长、连线多，可靠性不高，管理电池数量不能太多。

还有一种是集合上述两种方式，采用一主多从的拓扑结构。数个从控分别进行分布式信息采集，然后再进行主控，如图 2-2-3 所示。

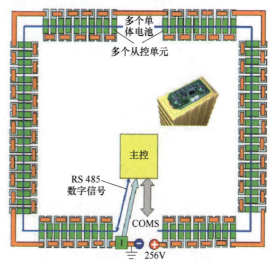

图 2-2-1　分布式信息采集系统

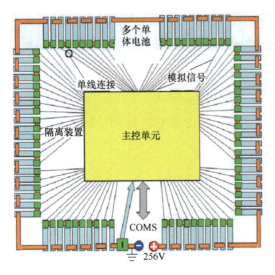

图 2-2-2　集中控制式信息采集系统　　图 2-2-3　一主多从式信息采集系统

一主多从式信息采集系统的电压、温度等信息采集以及状态评估等工作由从控完成,一个从控管理若干电池,主控与从控总线通信,并和外部进行通信。这种形式不需要在每个电池上安装控制电路板,连接灵活;从控离电池近,避免过长连线;便于扩展。缺点是需要考虑主从之间的通信隔离、通信多样、控制复杂。北汽 EV160 就是采用了这种形式,如图 2-2-4 所示。

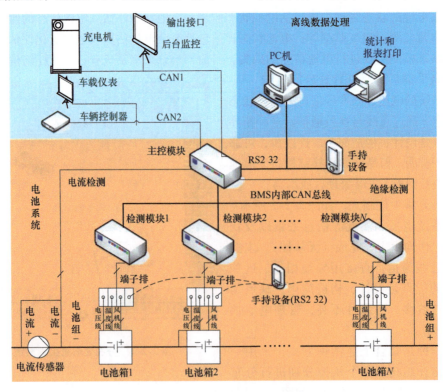

图 2-2-4　北汽 EV160 BMS 拓扑结构

采用了一个主控盒和两个分控盒通信，两个分控盒分别控制 5 个电池模组。

电池模组端的电压、温度等参数通过传感器将信号传递给监测模块，各个监测模块将信息通过内部 CAN 总线传递给主控模块，主控模块和其他控制部分通过外部 CAN 进行通信。

通过 BMS 系统的监测，能够掌握动力蓄电池的各类信息，通过专门软件即可显示动力蓄电池的各类信息，如图 2-2-5 所示，为国内某厂商的 BMS 信息。

位数据列表/Bit Data Table　　BMS:1/4

数据名称	位7	位6	位5	位4	位3	位2	位1	位0
电池状态1	SOC太低: 0	温度太高: 1	电流太高:0	单压太低:0	单压太高:0	总压太低:0	总压太高:0	温度太低:0
电池状态2	SOC过低: 0	温度过高: 1	电流过高:1	单压过低:0	单压过高:0	总压过低:0	总压过高:0	温度过低:0
电池状态3	压差太大:0	温差太大:0	未定义:	未定义:	未定义:	未定义:	未定义:	未定义:
电池状态4	压差过大:0	温差过大:0	未定义:	未定义:	SOC过高: 0	均衡错误:0	绝缘故障:0	BMS故障: 0
驱动状态	就绪: 1	故障: 1	反转: 0	制动: 0	驱动: 1	怠速: 0	停机: 0	启动: 0
操作状态	紧急停车:0	备用: 0	备用: 0	备用: 0	备用: 0	倒车: 0	空档: 0	前进: 1
驱动电机	0	0	0	0	0	0	0	0
发电机	0	0	0	0	0	0	0	0

其他数据列表/Other Data Table

数据名称	十进制	相关信息	数据名称	十进制	相关信息	数据名称	十进制	相关信息
总电压	402.8 V	0FBC	总电流	193.4 A	848E	最高电池电压	3.46 V	2组3号
最低电池电压	3.30 V	7组5号	加速踏板	81.2 %	CB	制动踏板	0.0 %	00
模块后电压	377.9 V	35D3	模块前电压	387.9 V	3637	控制模块温度	46 ℃	56
电池最高温度	69 ℃	8组12号	环境最高温度	26 ℃	42	电机温度	90 ℃	82
电机电流	31.8 A	284E	电机转速	2366 r/m	127C	气泵温度	39 ℃	4F
助力泵温度	49 ℃	59	电源温度	47 ℃	57	系统码	0	00
生命值	0	00	SOH	0.0%	00	SOC	88.8%	DE
发电机转速	0	0000	发电机温度	-- ℃	00	续驶里程	0	00
同组最大温差	0 ℃	X组						

图 2-2-5　电池管理系统显示的动力蓄电池信息

2.2.2　动力蓄电池电压监测

动力蓄电池的电压监测分为微观层面的电池模块电压监测和宏观层面的动力蓄电池电压监测两个方面。

1. 电池模块的电压监测

单体电池电压采集的目的是了解当前动力蓄电池中任意一个单体电池的电压情况来判断每个单体电池的充电终止和放电终止条件，防止过充电和过放电，保护电池使用安全。

因单体电池电压采集信息量较大，大部分电动汽车采用采集动力蓄电池模块电压来实现对电池模块和单体电池的检测。电池模块电压采集是动力蓄电池管理系统中的重要一环，其性能的好坏或精度高低决定了系统对电池状态判断的准确程度，并进一步影响后续的控制策略是否有效实施。北汽 EV160 对每个电池模组进行了电压采集，如图 2-2-6 所示。

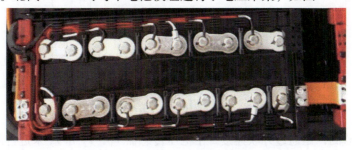

图 2-2-6　北汽 EV160 电池模块电压监测

图 2-2-6 中每个电池正极都有电压测量端子，进行分布式电压测量，从而掌握每个电池模块的电压。电压采集范围为 0 ~ 4.5V。

电池电压监测信息可以通过厂家的专用设备读出，图 2-2-7 为国内某厂家读出的动力蓄电池中电池模块电压数据。

电池电压/Battery Voltage（V）　BMS:2/4

组\单元	1/11	2/12	3/13	4/14	5/15	6/16	7/17	8/18	9/19	10/20
第1组	3.27	3.37	3.27	3.37	3.27	3.37	3.27	3.37	3.27	3.37
第1组	3.27	3.37	3.27	3.37	3.27	3.37	3.27	3.37	3.27	3.37
第2组	3.27	3.37	3.27	3.37	3.27	3.37	3.27	3.37	3.27	3.37
第2组	3.27	3.37	3.27	3.37	3.27	3.37	3.27	3.37	3.27	3.37
第3组	3.35	3.25	3.35	2.58	3.35	3.25	3.35	3.25		
第4组	3.35	3.25	3.35	3.25	3.35	3.25	3.35	3.25		
第5组	3.35	3.25	3.35	3.25	3.35	3.25	3.35	3.25		
第6组	3.35	3.25	3.35	3.25	3.35	3.25	3.35	3.25		
第7组	3.35	3.35	3.35	3.35	3.35	3.35	3.35	3.35	3.35	3.35
第7组	3.35	3.35								
第8组	3.35	3.35	3.35	3.35	3.35	3.35	3.35	3.35	3.35	3.35
第8组	3.35	3.35								
第17组	3.35	3.35	3.35	3.35	3.35	3.35	3.35	3.35	3.35	3.35
第18组	3.35	3.35	3.35	3.35	3.35	3.35	3.35	3.35	3.35	3.35

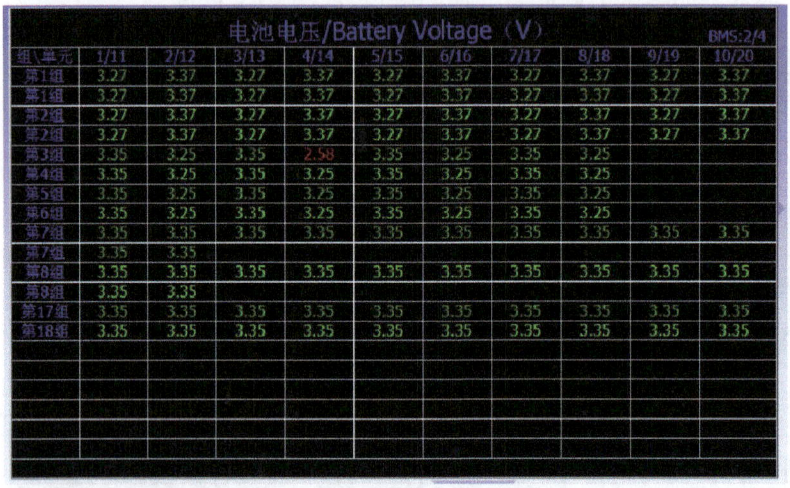

图 2-2-7　电池模块电压数据

可以看出，该动力蓄电池中第 3 组 4/14 号电池模组电压低于其他模组，通过这种方式可以找出故障模组所处的位置，以便于进行后续维修。

2. 动力蓄电池的电压监测

动力蓄电池的电压监测通过电压测量模块进行测量，一般在动力蓄电池输出母线等位置设置。北汽 EV160 的动力蓄电池电压监测采用了 3 个测量模块，如图 2-2-8 所示。

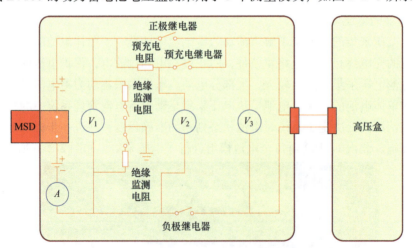

图 2-2-8　北汽 EV160 动力蓄电池电压监测

对于电压的监测，是通过并联连接 3 个电压传感器 V_1、V_2 和 V_3 来进行测量的。

动力蓄电池不进行充放电时，正、负继电器和预充电继电器都断开，此时 V_1 和 V_2 为动力蓄电池开路电压，V_3 测量高压用电设备电压，且有 $V_1 = V_2$，$V_3 = 0$。

当动力蓄电池放电时，首先预充电继电器和负极继电器闭合，V_1 测量动力蓄电池工作电压，V_2、V_3 测量高压用电设备电压，且有 $V_1 > V_2 = V_3$；然后预充电继电器断开，正负极继电器闭合，此时 V_1、V_2、V_3 测量动力蓄电池工作电压，且有 $V_1 = V_2 = V_3$；

当外部向动力蓄电池充电时，预充电继电器和负极继电器闭合，此时 V_1 测量动力蓄电池电压，V_2、V_3 测量外部充电线路电压，且有 $V_1 < V_2 = V_3$；然后预充电继电器断开，正负极继电器闭合，此时 V_1、V_2、V_3 测量动力蓄电池工作电压，且有 $V_1 = V_2 = V_3$。

通过 3 个电压测量模块共同测量，来确定动力蓄电池充放电状态，并能正确测量动力蓄电池电压和外部充电线路电压。

2.2.3 动力蓄电池电流监测

几乎所有的 BMS 都具备电流测量功能，BMS 将测量到的电流传递给主控制器，形成闭环反馈控制。一方面可以准确控制充电过程中充电机的输出电流，实现既定充电策略；另一方面控制负载放电电流，保护电池放电过程中的安全。BMS 对电流测量的精度要求很高，因为许多 BMS 的剩余电量估算基于电流计算，高精度的电流测量才能够保证高精度的 SOC 计算。

EV160 的动力蓄电池的电流监测是通过在主线路中串接电流传感器来进行的，如图 2-2-9 所示。

电流传感器安装在外总正接触器附近，用来测量总正母线上的电流。

同时在蓄电池模组之间安装了一个熔断器，熔断电流为 250A，如图 2-2-10 所示。

图 2-2-9　动力蓄电池母线电流传感器　　　图 2-2-10　电池模组之间串接的 250A 熔断器

主电路中电流变大时，电流传感器会给 BCU 信号，以提醒 BCU 动力蓄电池或者外部电路可能存在故障，当电流继续增大，则会将熔断器烧断，保护整个电路，从而实现对电池的保护。

2.2.4 动力蓄电池温度监测与控制

目前，动力蓄电池都是由众多的单体电池通过组装而成，在充放电过程中单体电池会产生热量，在局部会造成热量积累，造成各处温度不均匀从而影响单体电池的一致性，从而降低电池充放电循环效率，影响电池的功率和能量发挥，严重时还将导致热失控，影响系统的安全性和可靠性。同时，电池在充放电过程中如果温度过低，也会导致电池的容量降低，车辆行驶里程缩短等。为了使电池组发挥最佳的性能和寿命，需要对电池进行热管理，将电池包温度控制在合理的范围内。

电池热管理系统是从使用角度出发，用来确保电池系统工作在适宜温度范围内的一套管理系统，主要由电池箱、传热介质、监测设备等部件构成。电池热管理系统有如下主要功能：电池温度的准确测量和监控、电池组温度过高时的有效散热和通风、低温条件下的快速加热、有害气体产生时的有效通风以及保证电池组温度场的均匀分布。

1. 常见的温度采集方法

（1）热敏电阻方式　热敏电阻是最常用的采集温度的方式，其电阻值随着温度几乎是线性的变化，通过阻值的变化即可判断温度的变化。

（2）DS18B20方式　DS18B20是常用的一种芯片级的温度传感器，采用总线的方式能够使一个控制器同时连接多个传感器，降低了连线的复杂程度。

（3）采用专用的一体化芯片　有些专门针对电池管理设计的芯片同时集成了电压、电流、温度的采集功能。

当前，市场上多数BMS不具备检测所有单体电池电芯温度的功能，一般只是检测电池模块或电池模组的温度。但是从技术角度上考虑，采集每个电池的电芯温度都非常重要。电池连接松动、使用不当、内部出现故障等情况下，很重要的表现就是温度上升，通过检测每个电池的电芯温度可以实时了解电池运行情况，提供异常报警，避免发生事故。

2. 温度监测

北汽EV160采用DS18B20芯片作为温度传感器监测电池温度，如图2-2-11所示。

温度传感器安装在每个动力蓄电池模组侧面，通过螺栓压紧在电池组外壳。拆卸后如图2-2-12所示。

图2-2-11　北汽EV160动力蓄电池温度传感器

图2-2-12　拆下的温度传感器

图2-2-12中，红色线为传感器提供电源，黑色为搭铁线，蓝色为信号线。电池温度信号通过蓝色信号线输入总线，通过总线传递给BMS。日常使用的DS18B20如图2-2-13所示。

DS18B20数字温度传感器接线方便，封装成后可应用于多种场合，耐磨耐碰，体积小，使用方便，封装形式多样，适用于各种狭小空间设备数字测温和控制领域。通过厂商专用的软件，可以读出BMS中动力蓄电池的温度数据，如图2-2-14所示为国内某厂商的BMS温度数据。

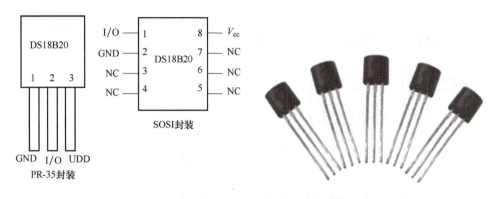

图 2-2-13 日常使用的 DS18B20

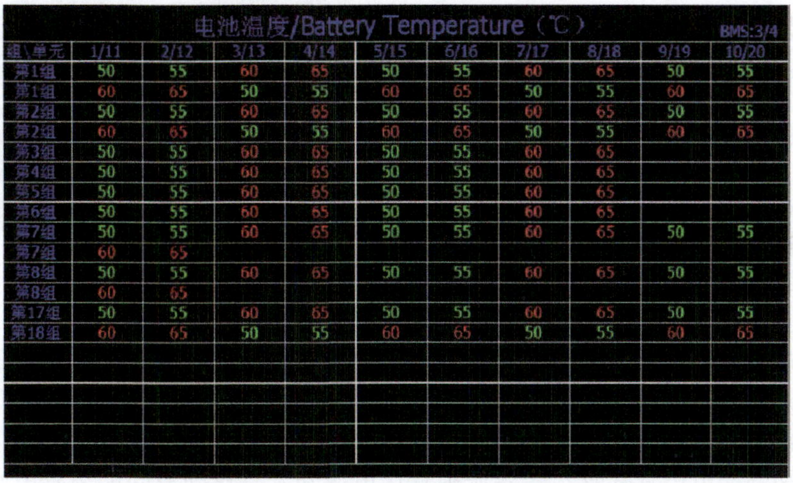

图 2-2-14 某厂商的 BMS 温度数据

3. 温度控制

动力蓄电池的温度控制包含两个方面：加热和制冷。对于北汽 EV160，只有加热功能。当电池温度较低时，BMS 发出指令使热管理系统的 PTC 接触器闭合，动力蓄电池给 PTC 供电给自己进行加热。图 2-2-15 中橙色部分即为 PTC 加热器。每个动力蓄电池组都有一个 PTC 加热器。

动力蓄电池的 PTC 加热系统框图如图 2-2-16 所示。

可以看出，PTC 是否加热受控于热管理系统的 PTC 接触器。当动力蓄电池模组需要加热时，总正接触器和总负接触器都闭合，PTC 接触器也闭合，电流从动力蓄电池出发经总正接触器后，

图 2-2-15 北汽 EV160 的动力蓄电池模组 PTC 加热

流经各个 PTC 加热器后，经 PTC 熔断器、PTC 接触器和总负接触器后流回动力蓄电池。

热管理系统的 PTC 接触器安装在总负接触器附近，如图 2-2-17 所示。

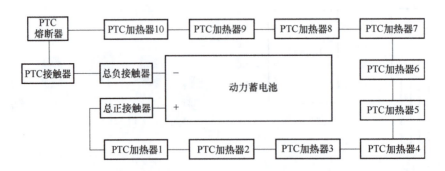

图 2-2-16　北汽 EV160 动力蓄电池模组 PTC 加热系统框图

有些新能源车还配有了冷却水或冷却风扇给动力蓄电池进行散热。例如丰田普锐斯就给动力蓄电池安装了散热风扇。

2.2.5　电池绝缘监测

动力蓄电池是电动汽车的动力来源，由于车辆使用环境恶劣，并且随着电池的使用、电池组自身或电池组之间的连接线老化等多种原因，会导致电池组和车辆底盘之间的绝缘出现

图 2-2-17　热管理系统的 PTC 接触器

问题。由于动力蓄电池的电压较高，如果出现了绝缘问题会给车辆的驾驶人和乘客以及维修人员造成人身伤害。为安全起见，电动车辆高压电路与车身搭铁绝缘。

常用的检测方法有平衡桥式检测、直流检测和交流检测三种。有些电动汽车通过内置于蓄电池 BMS 的"漏电检测电路"持续监视高压电路和车身搭铁之间的绝缘电阻保持不变。如果绝缘电阻降至低于规定级别，则存储一个高压绝缘异常故障码，且利用组合仪表显示将异常告知驾驶人。漏电检测电路如图 2-2-18 所示。

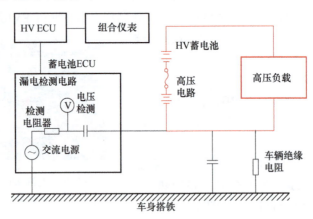

图 2-2-18　漏电检测电路

漏电检测电路内部有独立的交流电源，电路中允许少量交流电流至高压电路（正极和

负极)。如图 2-2-19 所示,交流电流经检测电阻器、电容器,车身搭铁。

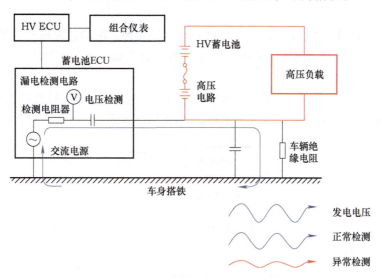

图 2-2-19 绝缘监测原理

车辆绝缘电阻越小,检测电阻器的电压就越低,交流波也越低。根据交流电的波幅检测绝缘电阻值。绝缘电阻减小则波幅增大,该波幅转换为 BMS 数据 "Short Wave Highest Val",则判断为绝缘故障。该值为 0～5V,表示绝缘电阻。某些车型可以通过故障诊断仪来查看。

北汽 EV160 的绝缘监测如图 2-2-19 所示。当出现绝缘故障时,V_1 监测的电压值或出现很大变化,以此来监测是否绝缘。

实际操作中,如果进行绝缘监测,常采用漏电直测法、电流传感法和绝缘设备测量法。常用绝缘测试仪或摇表测试绝缘情况,正对地绝缘阻值及负对地绝缘阻值均大于或等于 500Ω/V 为合格,小于 500Ω/V 为不合格。

2.2.6 锂电池的散热

1. 锂电池散热的必要性

锂电池的性能对温度变化较敏感,特别是车辆上运用的大容量、高功率锂电池。车辆上的装载空间有限,车辆所需电池数目较大,电池均为紧密排列连接。当车辆在高速、低速、加速、减速等交替变换的不同行驶状况下运行时,电池会以不同倍率放电,以不同生热速率产生大量热量,加上时间累积以及空间影响会产生不均匀热量聚集,从而导致电池组运行环境温度复杂多变。由于发热电池体的密集摆放,中间区域必然热量聚集较多,边缘区域较少,增加了电池包中各单位之间的温度不均衡,加剧各电池模块、单体内阻和容量的不一致性。如果长时间积累,会造成部分电池过充电和过放电,进而影响电池的寿命与性能,并造成安全隐患。如果电动汽车电池组在高温下得不到及时通风散热,将会导致电池组系统温度过高或温度分布不均匀,最终将降低电池充放电循环效率,影响电池的功率和能量发挥,严重时还将导致热失控,影响电池的安全性与可靠性。因此,为了使电池包发挥最佳性能和寿命，需要优化电池包的结构，对它进行热管理，增加散热设施，控制电池运行的温度环境。

2. 散热方式

动力蓄电池的散热方式分为被动方式和主动方式两种。被动系统所要求的成本比较低，采取的措施也较简单。主动系统结构相对复杂一些，且需要更大的附加功率，但它的热管理更加有效。

（1）被动散热　考虑成本、质量、空间的布置，早期在温和气候条件下使用的车辆都没有使用冷却单元，并且只依靠空气来散热，如图2-2-20所示。

图2-2-20　被动冷却-外部空气流通

目前生产的一些混合电动汽车也是使用环境空气来被动冷却电池包。尽管空气是经过汽车空调冷却的，但它仍然被认为是一种被动系统，如图2-2-21所示。

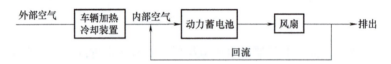

图2-2-21　被动加热和冷却-内部空气冷却

（2）主动冷却　主动冷却指有专用设备通过气体或者液体进行强制流动来对动力蓄电池进行冷却。目前，最有效最常用的还是采用空气作为散热介质。目前，多采用的空冷主要有并行和串行两种通风方式，如图2-2-22所示。这就要求在电池包结构上设计相应导风口，尽量减小空气流动阻力，保证气流的均匀性。

串行情况下一般是使空气从电池包一侧流往另外一侧，从而达到带走热量的效果，如图2-2-22中a所示，因此气流会将先流过的地方的热量带到后流过的地方，从而导致两处温度不一致且温差较大，而并行情况下模块间空气都是直立上升气流，如图2-2-22中b所示，这样能够有效地分配气流，从而保证电池包中各处散热一致。

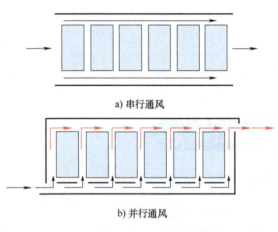

图2-2-22　动力蓄电池的通风

2.2.7　丰田普锐斯电池的温度控制

丰田普锐斯的HV电池由镍氢电池组成，在使用中电池会产生热量，为了对电池进行冷却，HV电池安装了冷却风扇，如图2-2-23所示。

丰田普锐斯HV电池安装了3个温度传感器，用来监测整个HV电池的温度，电池内部采用风冷冷却，如图 2-2-24 所示。

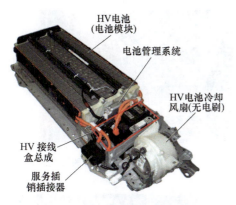

图 2-2-23　丰田普锐斯动力蓄电池及风扇

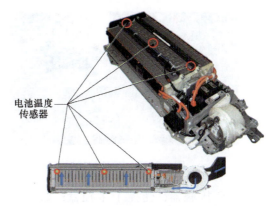

图 2-2-24　丰田普锐斯 HV 电池的通风

无刷电机带动风扇将空气吹入 HV 电池内部对电池进行冷却。可以看出，其采用了并行通风方式。

2.2.8　动力蓄电池 PTC 加热系统认知

动力蓄电池 PTC 加热系统由 PTC 接触器、PTC 熔断器及 10 个 PTC 加热器组成，10 个 PTC 加热器串联连接。

当电池温度较低时，需要对动力蓄电池进行加热，此时主控盒控制 PTC 接触器闭合后，电流从动力蓄电池总正接触器流出，经各个 PTC 加热器后，流过熔断器和 PTC 接触器进入总负接触器，形成回路从而使 PTC 加热器工作，对动力蓄电池进行加热。

1）总正接触器，如图 2-2-25 所示。

2）PTC 加热器电源线，如图 2-2-26 所示。

图 2-2-25　总正接触器

图 2-2-26　PTC 加热器电源线

3）PTC 加热器：每个电池模组上都配置有一个加热器，全部模组上的 PTC 加热器为串联连接，如图 2-2-27 所示。

4）加热器熔断器，如图 2-2-28 所示。

图 2-2-27　PTC 加热器

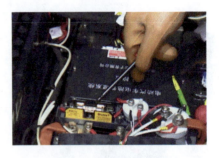

图 2-2-28　加热器熔断器

5）PTC 接触器，受控于主控盒；如图 2-2-29 所示。

当电池温度较低时，需要对动力蓄电池进行加热，此时主控盒控制 PTC 接触器闭合后，电流从动力蓄电池总正接触器流出，经各个 PTC 加热器后，流过熔断器和 PTC 接触器进入总负接触器，形成回路从而使 PTC 加热器工作，对动力蓄电池进行加热。

图 2-2-29　PTC 接触器

单元小结

1. 动力电池的状态管理主要包括电池状态的监测和电池状态评估。电池状态的监测包括电压监测、电流监测、温度监测等；电池状态评估包括剩余电量估算及电池老化评估等。

2. EV160 动力蓄电池管理系统的硬件由主熔断器、紧急开关、电流传感器、电压传感器、正负极接触器、预充电接触器、加热接触器、加热元件、加热熔断器等组成，通过插接件和车载充电机或非车载充电机连接，进行充放电。

3. EV160 的动力蓄电池的电流监测是通过在主线路中串接电流表来进行的，同时在蓄电池模组之间安装了一个熔断器，熔断电流为 250A。主电路中电流变大时，电流表会给 BCU 信号，以提醒 BCU 动力蓄电池或者外部电路可能存在故障，当电流继续增大，则会将熔断器烧断，保护整个电路。

4. 对于电压的监测，是通过并联连接了 3 个电压表来进行测量的。

任务工单 2.2

任务名称	动力蓄电池状态监测	学时	4	班级	
学生姓名		学生学号		任务成绩	
实训设备、工具及仪器	北汽 EV160 动力蓄电池包实验台 4 台，万用表 4 台。	实训场地	一体化教室	日期	
客户任务描述	小王在某新能源汽车 4S 店工作，今天接了一辆车，动力蓄电池的 PTC 加热系统不工作。				
任务目的	请根据任务要求制订工作计划，安全、规范地对 PTC 系统进行检修。				

一、资讯

1. 动力蓄电池的状态管理主要包括_____监测和_____评估。电池状态的监测包括电压监测、_____监测、_____监测等；电池状态评估包括_____及电池老化评估等。

2. 一主多从系统电压、温度等信息采集以及状态评估等工作由_____完成，一个从控管理若干电池，主控与从控通过_____通信。这种形式不需要在每只电池上安装_____，连接灵活；从控离电池近，避免过长连线；便于扩展。缺点是需要考虑_____之间的通信隔离，通信多样、控制复杂。

3. 采用了一个_____和两个_____通信，两个分控盒分别控制_____个电池模组。电池模组端的电压、_____等参数通过传感器将信号传递给_____，各个监测模块将信息通过_____传递给主控模块，主控模块和其他控制部分通过_____进行通信。

4. 单体电池电压采集的目的是了解当前_____中任意一个_____的电压情况来判断单体电池的_____和_____条件，防止过充电和_____，保护电池使用安全。

5. 动力蓄电池的电压监测通过_____进行测量，一般在动力蓄电池输出_____等位置设置。北汽 EV160 的动力蓄电池电压监测采用了_____个测量模块。

6. BMS 对电流测量的精度要求很高，因为许多 BMS 的_____基于电流计算，高精度的电流测量才能够保证高精度的_____计算。

7. 电池热管理系统是从使用角度出发，用来确保_____工作在适宜温度范围内的一套管理系统，主要由_____、传热介质、_____等部件构成。电池热管理系统有如下几项主要功能：电池温度的准确测量和监控、_____、低温条件下的快速加热、_____以及保证电池组温度场的均匀分布。

8. 动力蓄电池的温度控制包含两个方面：_____和_____。对于北汽 EV160，只有_____功能。当电池温度较低时，BMS 发出指令使_____系统的 PTC 接触器闭合，动力蓄电池给_____供电给自己进行加热。

9. PTC 是否加热受控于_____系统的_____。当动力蓄电池模组需要加热时，总正接触器和_____都闭合，PTC 接触器也闭合，电流从动力蓄电池出发经_____后，流经各个 PTC 加热器后，经_____、PTC 接触器和总负接触器后流回动力蓄电池。

二、计划与决策

请根据任务要求，确定所需要的仪器、工具，并对小组成员进行合理分工，制订详细的 PTC 认知和计划。

1. 需要的仪器、工具

2. 小组成员分工

3. 认知计划

三、实施
1. 打开动力蓄电池
动力蓄电池由_____个螺栓将上下壳体连接。
利用_____将螺栓拆下。
打开动力蓄电池。
2. PTC 系统认知
动力蓄电池中，PTC 加热器的颜色为_____。
PTC 加热器共有_____个。
每个电池模组有_____个加热器。
动力蓄电池 PTC 加热系统由_____、PTC 熔断器及_____个 PTC 加热器组成，PTC 加热器相互_____连接。
当电池温度较低时，需要对动力蓄电池进行_____，此时主控盒控制_____闭合后，电流从动力蓄电池_____流出，经各个 PTC 加热器后，流过_____和 PTC 接触器进入_____，形成回路从而使 PTC 加热器工作，对_____进行加热。
通过上述过程，请总结认知过程中需要注意的事项：
1) _____
2) _____
3) _____

四、检查
1. 检查 PTC 线路连接是否正常
_____。
2. 检查 PTC 接触器连接是否正常
_____。

五、评估
1. 请根据自己任务完成的情况，对自己的工作进行自我评估，并提出改进意见。
1) _____
2) _____
3) _____
2. 工单成绩（总分为自我评价、组长评价和教师评价得分的平均值）

自我评价	组长评价	教师评价	总分

学习单元 2.3　动力蓄电池能量管理

任务导入

小王在某新能源汽车 4S 店工作，今天接了一辆车，师傅让小王用故障诊断仪读出电池相关信息，你知道如何进行规范的操作吗？

学习目标

1. 能通过与客户交流、查阅相关维修技术资料等方式获取车辆信息；
2. 能根据故障现象制订正确的维修计划；
3. 能正确选择诊断设备对故障进行诊断；
4. 能正确记录、分析各种检测结果并做出故障判断；
5. 能根据环保要求，正确处理对环境和人体有害的废料和损坏的零部件。

理论知识

2.3.1　电池能量管理的作用

电池能量管理的作用是利用从电动汽车各个子系统采集运行的数据，控制完成电池的充放电、显示电池的荷电状态（SOC）、预测剩余行驶里程、监控电池的状态、调节电池内部温度、调节车灯亮度以及回收再生制动能量为动力蓄电池充电等。

电动汽车电池电量合理范围是 30%~70%，这对保证电池寿命和整体的能量效率至关重要。这就要求电池能量管理能够准确估测动力蓄电池的 SOC，进行电池的均衡管理，使单体电池之间的差异较小，并通过一定的方法来显示性能不良的电池，并通过总线实现各个检测模块和 VCU 的通信。北汽 EV160 的动力蓄电池管理系统的控制简图如图 2-3-1 所示。

由图 2-3-1 可以看出，EV160 动力蓄电池管理系统的硬件由主熔断器、紧急开关、电流传感器、电压传感器、正负极接触器、预充电接触器、加热接触器、加热元件、加热熔断器等组成，通过插接件和车载充电机或非车载充电机连接，进行充放电。

2.3.2　动力蓄电池充放电管理

1. 动力蓄电池的上电过程

当动力蓄电池向外充电或放电时，电池的接触器执行相应的操作实现充电或放电。

当动力蓄电池上电时，整车 VCU 检测发出指令给动力蓄电池 BMS 主控盒，BMS 主控盒接收到指令后，通过总线控制高压盒里面控制预充电接触器的继电器闭合，使预充电接触器的线圈通电产生磁场，预充电接触器闭合。

当预充电接触器闭合后，BMS 主控盒控制高压盒里面控制负极接触器的继电器闭合，从而使负极接触器闭合，此时开始给电机控制器里面的电容进行充电。当电容充电完成后，

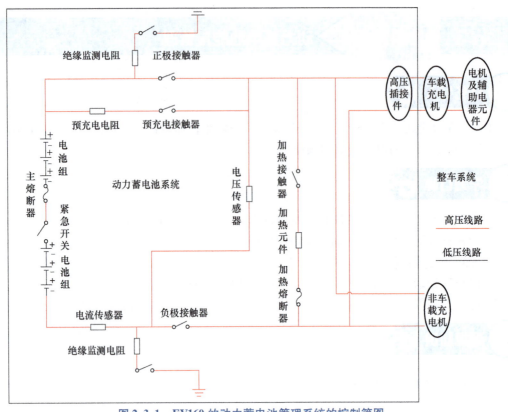

图 2-3-1　EV160 的动力蓄电池管理系统的控制简图

BMS 主控盒控制高压盒里面控制正极接触器的继电器闭合，从而使正极接触器闭合，而预充电接触器断开，实现正常的放电过程。

当动力蓄电池需要充电时，整车 VCU 检测到有充电枪插入后，首先给电机控制器里面的电容进行充电，然后再发出指令给动力蓄电池 BMS 主控盒，BMS 主控盒接收到指令后，通过总线控制高压盒里面控制预充电接触器的继电器闭合，从而使预充电接触器的线圈通电产生磁场，使预充电接触器闭合；当预充电接触器闭合后，VCU 发出指令给动力蓄电池 BMS 主控盒，通过高压盒里面控制负极接触器的继电器闭合，从而使负极接触器闭合。此时，预充电阻起到限制充电电流的作用，对动力蓄电池进行小电流充电，主要目的是通过小电流充电来估算正常充电电流大小；而后正极接触器闭合，预充电阻被短路，此时开始进行定流充电，从而开始正常充电过程。

2. 预充电的作用

在图 2-3-1 中可以看出，正极接触器并联了一个预充电接触器和预充电阻，当上电时和充电时预充电阻的作用是不同的。起动开关从 OFF 到 ON 位，预充电接触器结合瞬间的电流如图 2-3-2 所示。

可以看出，当起动开关从 OFF 到 ON 位时，电流会有突变，最大电流可以达到 25A 左右，这是在给电机控制器的电容进行充电。所以，在上电时，预充电阻的作用是限制给电容充电时的电流，防止在接触器结合瞬间产生电弧，损坏接触器。

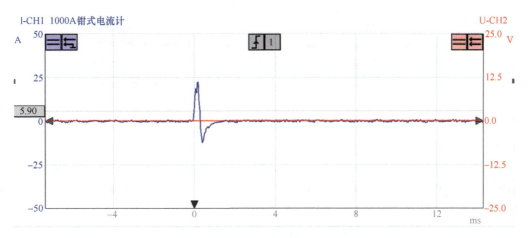

图 2-3-2　预充电接触器结合瞬间的电流

3. 接触器与继电器

接触器与继电器原理一样，主要是触点容量不同，继电器触点容量较小，触头只能通过小电流，没有灭弧装置，可在电量或非电量的作用下动作，主要用于控制；接触器容量大，触头可以通过大电流，有灭弧装置，一般只能在电压作用下动作，用于主回路较多。

接触器是指工业电中利用线圈流过电流产生磁场，使触头闭合，以达到控制负载的电器。接触器由电磁系统（铁心、静铁心、电磁线圈）、触头系统（常开触头和常闭触头）和灭弧装置组成。其原理是当接触器的电磁线圈通电后，会产生很强的磁场，使静铁心产生电磁吸力吸引衔铁，并带动触头动作：常闭触头断开、常开触头闭合，两者是联动的。当线圈断电时，电磁力消失，衔铁在弹簧的作用下回位，使触头复原，即常闭触头闭合、常开触头断开。

继电器是一种电控制器件，它具有控制系统（又称输入回路）和被控制系统（又称输出回路）之间的互动关系。通常应用于自动化的控制电路中，是用小电流去控制大电流的一种"自动开关"。电路中起着自动调节、安全保护、转换电路等作用。继电器原理与接触器相同，只是接触器控制的负载功率较大，故体积也较大。

在一个控制回路中是离不开接触器和继电器的，接触器主要用于一次回路，可以通过较大的电流；继电器用于二次回路，只能通过小电流实现各种控制功能，触点较多，种类也很多。在继电器的触点容量满足不了要求时，也可以用接触器代替。当接触器的辅助触点不够用时可加一个继电器作辅助触点来实现各种控制。

2.3.3　动力蓄电池均衡管理

随着动力蓄电池在电动汽车动力系统中的广泛应用，逐渐暴露出一系列诸如耐久性、可靠性和安全性等方面的问题。电池成组后单体之间的不一致是引起这一系列问题的主要原因之一，如图 2-3-3 所示。

由于电动汽车类型和使用条件限制，对电池组功率、电压等级和额定容量的要求存在差别，电池组中单体电池数量存在很大的差异。即使参数要求相似，由于电池类型不同，所需的电池数量也存在较大的差别。新的电池在出厂时，已经做好了电池的均衡，容量一致，长时间使用后，容量产生衰减，各个电池之间的容量变得不一致，而动力蓄电池的总容量符合

图 2-3-3 电池单体之间的不一致

"木桶理论",因此总容量也会相应地降低。

总体看来,单体数量越多,电池一致性差别越大,对电池组性能的影响也越明显。车载动力锂离子电池成组后,电池单体性能的不一致严重影响了电池组的使用效果,减少了电池组的使用寿命。造成单体电池间差异的因素主要有以下三方面:

1)电池制作工艺限制,即使同一批次的电池也会出现不一致;
2)电池组中单体电池的自放电率不一致;
3)电池组使用过程中,温度、放电效率、保护电路对电池组的影响会导致差异的放大。

因此,均衡系统是车载动力锂电池组管理系统的关键技术。从电池集成和管理方面来看,主要可以从两个方面来缓解电池不一致带来的影响:成组前动力蓄电池的分选;成组后基于电池组不一致产生的表现形式和参数的电池均衡技术。然而,成组前电池单体的分选技术在保证电池组均衡能力方面是有限的,其无法消除电池组在使用过程中产生的不均衡。所以,基于电池组不一致的表现形式和参数的电池均衡技术是保证电池组正常工作、延长电池寿命的必要模块和技术。均衡的作用如图 2-3-4 所示。

图 2-3-4 电池均衡的作用

动力蓄电池采用均衡技术后,会提高低容量电池容量,但同时也会降低部分容量较高的电池的容量,经过均衡并且长时间试用后,电池的容量差异减小,使用寿命会变长。

2.3.4 电池剩余电量估算

电池技术发展至今,用来估算 SOC 的方法已经出现了很多种,既有传统的电流积分法、电池内阻法、放电试验法、开路电压法、负载电压法,也有较为创新的 Kalman 滤波法、模糊逻辑理论法和神经网络法等，各种估算方法都有自己的优缺点，下面对几种常用的 SOC 方法进行简要介绍。

1. 电流积分法

电流积分法也叫安时计量法，是目前在电池管理系统领域中应用较为普遍的 SOC 估算方法之一，其本质是在电池进行充电或放电时，通过累积充进或放出的电量来估算电池的 SOC，同时根据放电率和电池温度对估算出的 SOC 进行一定的补偿。

与其他 SOC 估算方法相比，电流积分法相对简单可靠，并且可以动态地估算电池的 SOC 值，因此被广泛使用。但该方法也存在两方面的局限性：其一，电流积分法需要提前获得电池的初始 SOC 值，并且要对流入或流出电池的电流进行精确采集，才能使估算误差尽可能小；其二，该方法只是以电池的外部特征作为 SOC 估算依据，在一定程度上忽视了电池自放电率、老化程度和充放电倍率对电池 SOC 的影响，长期使用也会导致测量误差不断累积扩大，因此需要引入相关修正系数对累积误差进行纠正。

2. 放电试验法

放电试验法是将目标电池进行持续的恒流放电直到电池的终止电压，将此放电过程所用的时间乘以放电电流的大小值，即作为电池的剩余容量。该方法一般作为电池 SOC 估算的标定方法或者用在蓄电池的后期维护工作上，在不知道电池 SOC 值的情况下采用此方法，相对简单、可靠，并且结果也比较准确，同时对不同种类的蓄电池都有效。但是放电试验法也存在两点不足：第一，该方法的试验过程需要花费大量的时间；第二，使用此方法时需要将目标电池从电动汽车上取下，因此该方法不能用来计算处于工作状态下的动力蓄电池。

3. 开路电压法

开路电压法是根据电池的开路电压（Open Circuit Voltage，OCV）与电池内部锂离子浓度之间的变化关系，间接地拟合出它与电池 SOC 之间的一一对应关系。在进行实际操作时，需要将电池充满电量后以固定的放电倍率（一般取 1C）进行放电，直到电池的终止电压时停止放电，根据该放电过程获得 OCV 与 SOC 之间的关系曲线。当电池处于实际工作状态时便能根据电池两端的电压值，通过查找 OCV-SOC 关系表得到当前的电池 SOC。尽管该方法对各种蓄电池都有效，但自身也存在缺陷：首先，测量 OCV 前必须将目标电池静置 1h 以上，从而使电池内部电解质均匀分布以便获得稳定的端电压；其次，电池处于不同温度或不同寿命时期时，尽管开路电压一样，但实际上的 SOC 可能差别较大，长期使用该方法其测量结果并不能保证完全准确。因此，开路电压法与放电试验法一样，并不适用于运行中的电池 SOC 估算。

4. Kalman 滤波法

Kalman 滤波法是美国数学家卡尔曼（R. E. Kalman）在 20 世纪 60 年代初发表的论文《线性滤波和预测理论的新成果》中提出的一种新型最优化自回归数据滤波算法。该算法的本质在于可以根据最小均方差原则，对复杂动态系统的状态做出最优化估计。非线性的动态系统在卡尔曼滤波法中会被线性化成系统的状态空间模型，在实际应用时系统根据前一时刻的估算值与当前时刻的观测值对需要求取的状态变量进行更新，遵循"预测—实测—修正"的模式，消除系统随机存在的偏差与干扰。使用 Kalman 滤波法估算动力蓄电池的 SOC 时，电池以动力系统的形式被转化为状态空间模型，SOC 则变成为了该模型内部的一个状态变量。建立的系统是一个线性离散系统。

由于 Kalman 滤波法不仅能够修正系统初始误差，还能有效地抑制系统噪声，因此在运行工况非常复杂的电动汽车动力蓄电池的 SOC 估算中,具有显著的应用价值。不过该方法同样存在两点缺陷:其一,Kalman 滤波法估算 SOC 的精度很大程度上取决于电池模型的准确程度,工作特性本身就呈高度非线性化的动力蓄电池,在 Kalman 滤波法中经过线性化处理后难免存在误差,如果模型建立得不够准确,其估算的结果也并不一定可靠;其二,该方法涉及的算法非常复杂,计算量极大,所需要的计算周期较长,并且对硬件性能要求苛刻。

5. 神经网络法

神经网络法是模拟人脑及其神经元用以处理非线性系统的新型算法,无需深入研究电池的内部结构,只需提前从目标电池中提取出大量符合其工作特性的输入与输出样本,并将其输入到使用该方法所建立系统中,就能获得运行中的 SOC 值。该方法后期处理相对简单,即能有效避免 Kalman 滤波法中需要将电池模型作线性化处理后带来的误差,又能实时地获取电池的动态参数。但是神经网络法的前期工作量比较大,需要提取大量且全面的目标样本数据对系统进行训练,所输入的训练数据和训练的方式方法在很大程度上都会影响 SOC 的估计精度。此外,在电池温度、自放电率和电池老化程度不统一等因素的复杂作用下,长期使用该方法估算同一组电池的 SOC 值,其准确性也会大打折扣。因此,在动力蓄电池的 SOC 估算工作中该方法并不多见。

2.3.5 电池健康状态估算

SOH 的定义:

由于电池长期使用必然发生老化或劣化,因而必须估计电池的健康状况(State of Health,SOH),也称为寿命状态、老化情况、劣化情况。

电池 SOH 的标准定义是在标准条件下动力蓄电池从充满状态以一定倍率放点到终止电压所放出的容量与其对应的标称容量的比值,该比值是电池健康状况的一种反映。该定义适合描述纯电动汽车的健康状况,因为纯电动汽车应用基本上是全充全放,每个充放电循环后便于相互比较。简而言之,SOH 是电池使用一段时间后某些直接可测或间接计算得到的性能参数的实际值与标称值的比值,用来判断电池健康状况下降后的状态,衡量电池的健康程度,其实际表现在电池内部某些参数(如内阻、容量等)的变化上。

一般情况下,SOH 描述的是长期的变化,但是测量不需要连续的进行,大多数情况只需定期测量,测量的周期取决于不同应用情况。SOH 测量可以预测电池的寿命,但因电池会突发故障,因此 SOH 是难以预测的。为了测定电池的健康状态,必须知道实际的剩余电量(SOC),或者必须在相同的 SOC 下测量 SOH。

SOH 以百分比的形式表现了当前电池的容量能力,对一块新的电池来说,其 SOH 的值一般是大于 100% 的,随着电池的使用,电池在不断地老化,SOH 逐渐降低,在 IEEE 标准 1188—1996 中规定,当动力蓄电池容量能力下降到 80% 时,即 SOH 小于 80% 时,就应该更换电池。目前有以下几种 SOH 估算的方法。

(1) 直接放电法 想要知道电池的 SOH 最直接的方法是让单体电池实际放电一次,测量放出的电量。目前,利用负载对单体电池 SOH 评价是业内唯一公认的可靠方法。但这种方法也存在一些缺点:需要离线测试电池的 SOH,这对车用动力蓄电池来说实现困难;测试负载较笨重，操作不方便；若用 0.1C 倍率放电，放电过程大约需要 10h，测试时间太长。

（2）内阻法 主要是通过建立内阻与 SOH 之间的关系来估算 SOH，电池内阻与 SOH 之间存在确定的对应关系，可以简单地描述为：随电池使用时间的增长，电池内阻在增加，将影响电池容量，从而可以估算 SOH。

这种方法也存在一些缺点：当电池容量下降了原来的 25%～30% 后，电池内阻才会有明显的变化，而标准中规定当电池容量下降到 80% 时电池就应该被更换，所以想要通过这种方法实时估算电池的 SOH 难度较大，而且电池内阻很小，信号较弱，想要准确测量电池内阻也比较困难。目前，这种方法还没有得到实际的应用。

（3）电化学阻抗分析 这是一种较复杂的方法，其主要思想是向电池施加多个正弦信号，这些信号的频率是不同的，然后运用模糊理论对已采集的数据信息分析，预测电池的当前性能。

这种方法需要大量的数据采集与分析，以获得此电池的特性，而且还需要较扎实地掌握关于阻抗及阻抗谱的理论知识，除此之外，造价也较高。

（4）模型法 这种方法的主要思想是分析电池内部所发生的化学反应，以此为基础建立电池的模型，用此模型来计算电池容量的衰减，来得出电池的 SOH，当量子力学这一学说应用到化学动力学之后，化学反应这一微观过程有了新的论证，从而形成了过渡状态理论，如艾林方程。

这种方法需要认真分析电池内部的化学反应，并知道电池的一些固有参数，而且运用之前也需要做大量关于电池寿命的试验，试验量大，难度大，耗时长。

（5）电压曲线模型法 这种方法的优点是：建模简单，不需要做大量的试验，也不需要电池的一些固有参数；成本低，估算精确。此方法是目前主要采用的方法，这类方法的基本框图如图 2-2-20 所示。

运用电压曲线模型法首先要进行电池充放电循环试验，然后将试验数据进行归一化处理后，选取一个基准曲线，采用一定的方法进行曲线的拟合，这里采用神经网络进行拟合，拟合出的曲线作为标准曲线。电池工作过程中定期采集单体电池电压，根据电压信号在拟合曲线上找到相应的点，该点就代表电池的 SOH。

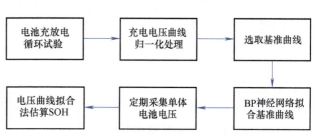

图 2-3-5 电压曲线模型法基本框图

2.3.6 上电过程预充电流观察

1. 准备工作

打开车门，安装脚垫、方向盘套、座椅套；打开机舱盖，铺上翼子板布、格栅布，如图 2-3-6 所示。

2. 观察上电过程预充电流

将 FSA740 设备上的 1000A 电流钳夹在电机控制器正极线束上，如图 2-3-7 所示。

图 2-3-6 准备工作

图 2-3-7 电流钳夹在线束上

起动开关置于 ON 位，在电脑屏幕上观察钥匙开启瞬间预充电流变化，如图 2-3-8 所示。

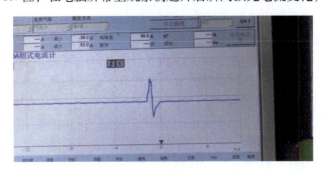
图 2-3-8 观察预充电流瞬间变化

关闭起动开关，取下电流钳，取下格栅布、翼子板布，关闭机舱盖；取下座椅套、方向盘套、脚垫，关闭车门。

2.3.7 通过故障诊断仪读取电池信息

1. 准备工作

打开车门，安装脚垫、方向盘套、座椅套。

2. 利用故障诊断仪读取电池信息

1）将故障诊断仪一端与车辆故障诊断接口相连，如图 2-3-9 所示。

2）将故障诊断仪另一端与电脑 USB 接口相连，如图 2-3-10 所示。

图 2-3-9 故障诊断仪一端与车辆故障诊断接口相连　　图 2-3-10 将故障诊断仪另一端与电脑 USB 接口相连

3）起动开关置于 ON 位；
4）运行电脑桌面故障诊断软件，如图 2-3-11 所示；
5）单击左侧第二个图标，如图 2-3-12 所示；
6）单击北汽新能源图标；
7）单击确定后，等待；
8）单击车辆选择，如图 2-3-13 所示；
9）单击车型，选择 EV160，单击下一步；
10）单击系统选择，如图 2-3-14 所示；

图 2-3-11　电脑桌面诊断软件

图 2-3-12　左侧第二个图标

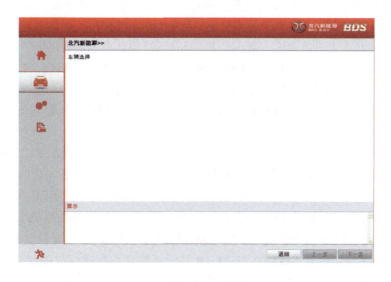

图 2-3-13　车辆选择

图 2-3-14　系统选择

11) 单击动力蓄电池系统；

12) 单击数据流，单击确定；屏幕显示如下数据流信息，因厂家设置，数据流具体数值不能显示。

动力蓄电池内部总电压、充放电电流、外部总电压、负载端总电压、整车状态、直流母线电压、KL15、KL30、BCU自检计数器、动力蓄电池负端继电器当前状态、动力蓄电池正端继电器当前状态、动力蓄电池预充继电器当前状态、高压互锁状态、动力蓄电池充电请求、正极对地绝缘电阻、负极对地绝缘电阻。

单击下一页，显示动力蓄电池允许最大充电电流、动力蓄电池允许最高充电端电压、当前状态允许最大放电功率、当前状态允许最大馈电功率、动力蓄电池SOC、动力蓄电池可用容量、动力蓄电池可用能量、单体电芯最高电压、最高电压单体序号、单体电芯最低电压、最低电压单体序号、单体电芯最高温度、最高温度单体序号、单体电芯最低温度、最低温度单体序号、BSM：单体电压过高/过低状态、BSM：SOC过高/过低状态、BSM：充电过电流状态、BSM：温度过高状态、BSM：绝缘状态、BSM：动力蓄电池组输出插接器连接状态、BSM：充电允许状态、BST：达到所需求的SOC目标值状态、BST：达到总电压设定值状态、BST：达到单体电压设定值状态、BST：绝缘故障状态、BST：输出插接器过温故障状态、BST：BMS元件、输出插接器过温状态、BST：充电插接器故障状态、BEM：接收SPN2560 = 0X00 充电机辨识报文超时状态位、BEM：接收SPN2560 = 0XAA 充电机辨识报文超时状态位、BEM：接收CTS-CML 报文超时状态位、BEM：接收CRO 报文超时状态位、BEM 接收CCS 报文超时状态位、BEM 接收CST 报文超时状态位、BEM 接收CSD 报文超时状态位、1—8 号子板EEPROM故障状态、1—8 号子板电压采集电路故障状态、1—8 号子板温度采集电路故障状态、1—8 号子板主动均衡通道故障状态、1—8 号子板被动均衡通道故障状态、1—8 号子板模组电压采集电路故障状态、1—8 号子板BMS/VBU通信节点丢失故障状态。

3. 退出诊断仪

退出故障诊断软件，关闭起动开关拔下USB诊断线，拔下诊断仪与车辆的连接线打开车门，取下座椅套，取下方向盘套，取下脚垫，关闭车门。

1. EV200 动力蓄电池管理系统的硬件由主熔断器、紧急开关、电流传感器、电压传感器、正负极接触器、预充电接触器、加热接触器、加热元件、加热熔断器等组成，通过插接件和车载充电机或非车载充电机连接，进行充放电。

2. EV200 的动力蓄电池的电流监测是通过在主线路中串接电流表来进行的，同时在蓄电池模组之间安装了一个熔断器，熔断电流为 250A。主电路中电流变大时，电流表会给 BCU 信号，以提醒 BCU 动力蓄电池或者外部电路可能存在故障，当电流继续增大，则会将熔断器烧断，保护整个电路。

3. 对于电压的监测，是通过并联连接了 3 个电压表来进行的。

任务工单2.3

任务名称	动力蓄电池能量管理	学时	4	班级	
学生姓名		学生学号		任务成绩	
实训设备、工具及仪器	北汽 EV160 整车 4 台，故障诊断仪 4 台。	实训场地	一体化教室	日期	
客户任务描述	小王在某新能源汽车 4S 店工作，今天接了一辆车，师傅让小王用故障诊断仪读出电池相关信息。				
任务目的	请根据任务要求制订工作计划，安全、规范地对新能源汽车进行电池信息的读取。				

一、资讯

1. 电池能量管理的作用是利用从_____各个子系统采集运行的_____，控制完成电池的_____、显示电池的_____、预测_____、监控电池的状态、调节_____、调节车灯亮度以及_____为动力蓄电池充电等功能。

2. 电动汽车电池电量合理范围是_____，这对保证电池寿命和整体的能量效率至关重要。这就要求电池能量管理能够准确估测动力蓄电池的_____，进行电池的_____，使单体电池之间的差异较小，并通过一定的方法来显示_____的电池，并通过总线实现各个检测模块和的_____通信。

3. EV160 动力蓄电池管理系统的硬件由_____、紧急开关、_____、电压传感器、正负极接触器、_____、加热接触器、_____、加热熔断器等组成，通过插接件和车载充电机或非车载充电机连接，进行充放电。

4. 当动力蓄电池上电时，_____检测发出指令给动力蓄电池_____，BMS 主控盒接收到指令后，通过_____控制高压盒里面控制_____继电器闭合，使预充电接触器的线圈通电产生_____，_____闭合；当预充电接触器闭合后，BMS 主控盒控制高压盒里面控制负极接触器的_____闭合，从而使_____闭合，此时开始给电机控制器里面的电容进行充电。当电容充电完成后，_____控制高压盒里面控制正极接触器的继电器闭合，从而使_____闭合，而预充电接触器断开，实现正常的放电过程。

5. 当起动开关从 OFF 到_____位时，_____会有突变，最大电流可以达到_____A 左右，这是在给电机控制器的_____进行充电。所以，在上电时，预充电阻的作用是_____，防止_____。

6. 接触器与继电器原理一样，主要是_____不同，继电器触点容量_____，触头只能通过小电流，主要用于控制，接触器_____，触头可以通过大电流，较多用于主回路。继电器用于控制电路、_____，没有灭弧装置，可在电量或非电量的作用下动作。接触器用于主电路、电流大，有_____，一般只能在电压作用下动作。

7. 总体看来，单体数量越多，电池一致性差别_____，对电池组性能的影响也越_____。车载动力锂电池成组后，电池单体性能的不一致严重影响了_____，减少了电池组的使用寿命。

二、计划与决策

请根据任务要求，确定所需要的仪器、工具，并对小组成员进行合理分工，制订详细的信息读取流程和计划。

1. 需要的仪器、工具

2. 小组成员分工

3. 工作计划

三、实施
1. 准备工作
打开车门，安装脚垫、方向盘套、座椅套。
2. 利用故障诊断仪读取电池信息
1）将故障诊断仪一端与_____接口相连；
2）将故障诊断仪另一端与_____接口相连；
3）起动开关置于_____位；
4）运行电脑桌面_____；
5）单击左侧第_____个图标；
6）单击_____图标；
7）单击确定后，等待；
8）单击_____；
9）单击车型，选择_____；单击下一步；
10）单击_____；
11）单击动力蓄电池系统；
12）单击_____，单击确定；屏幕显示数据流信息。

四、检查
通过读取电池信息，可知：
电池电压为：_____。
单体电池最低电压为：_____。
单体电池最高电压为：_____。
判断电池均衡性如何：_____。

五、评估
1. 请根据自己任务完成的情况，对自己的工作进行自我评估，并提出改进意见。
1）_____
_____
2）_____
_____
3）_____
_____
2. 工单成绩（总分为自我评价、组长评价和教师评价得分值的平均值）

自我评价	组长评价	教师评价	总分

学习单元2.4　动力蓄电池信息管理

小王在某新能源汽车4S店工作，有一天接了一辆车，师傅让小王检测总线终端电阻是否损坏，你知道如何进行规范的操作吗？

1. 能通过与客户交流、查阅相关维修技术资料等方式获取车辆信息；
2. 能根据故障现象制订正确的维修计划；
3. 能正确选择诊断设备进行诊断；
4. 能正确记录、分析各种检测结果并做出故障判断；
5. 能根据环保要求，正确处理对环境和人体有害的废料和损坏的零部件。

2.4.1　电池信息管理的作用

电池管理系统需要对电池进行各类信息的监测，如电池温度、单体电池电压、动力蓄电池总电压、动力蓄电池总电流等，这些信息需要从低压控制盒传输给主控盒、VCU等，动力蓄电池信息管理系统的作用就是将动力蓄电池监测信号、动力蓄电池执行器信号（主要是接触器状态）等信息进行输送、管理、共享等。这些功能主要通过新能源CAN总线实现。

2.4.2　CAN总线优点

控制器局域网（Controller Area Network，简称CAN总线）是BOSCH公司为现代汽车应用领域推出的一种多主机局部网，由于其高性能、高可靠性、实时性等优点现已广泛应用于工业自动化、多种控制设备、交通工具、医疗仪器以及建筑、环境控制等众多领域。

与一般的通信总线相比，CAN总线数据通信具有突出的可靠性、实时性和灵活性。其性能特点可以概括如下：

1）CAN是到目前为止唯一具有国际标准的现场总线；

2）CAN为"多主"工作方式，网络上任一节点均可在任意时刻主动地向网络上的节点发送信息，不分主从。

3）在报文标识符上，CAN上的节点分成不同的优先级，可满足不同的实时要求，优先级高的数据最多可在134us内得到传输。

4）CAN采用非破坏性总线仲裁技术。当多个节点同时向总线发送信息时，优先级较低的节点会主动退出发送，而最高优先级的节点可不受影响的继续传输数据，从而大大地节省了总线冲突仲裁时间。

5）CAN 节点只需要通过对报文的标识符滤波即可实现点对点，一点对多点及全局广播等几种方式传送接收数据，无需专门的"调度"。

6）CAN 上的节点个数主要取决于总线驱动电路，目前可达 110 个。在标准"帧"报文标识符（CAN2.0A）可达 2032 种，而在扩展帧的报文标识符（CAN2.0B）几乎不受限制。

7）CAN 报文采用"短帧"结构，传输时间短，受干扰概率低，具有极好的检错效果。

8）CAN 的每帧信息都有 CRC 校验以及其他检错措施，具有很好的检错效果。

9）CAN 节点在错误严重的情况下具有自动关闭输出功能，以使总线上的其他节点的操作不受影响。

10）CAN 的最大通信速率为 1Mbps（当总线长为 40m 时），直接通信距离可达 10km（而当通信速率为 5Kbps 时）。

11）CAN 总线具有较高的性价比。它结构简单，器件容易购置，每个节点的价格较低，而且开发技术容易掌握，能充分利用现有的单片机开发工具。

2.4.3 北汽 EV160 动力蓄电池内部总线

CAN 总线系统的控制单元连接方式采用铜缆串行方式。由于控制器采用串行合用方式，因此不同控制器之间的信息传送方式是广播式传输。也就是说每个控制单元不指定接收者，把所有的信息都往外发送；由接收控制器自主选择是否需要接收这些信息。

1. 北汽 EV160 动力总线结构

北汽 EV160 动力蓄电池内部 CAN 总线结构如图 2-4-1 所示。

可以看出，北汽 EV160 动力蓄电池内部的 CAN 节点包括低压控制盒 1、低压控制盒 2、主控盒、高压盒以及和外部 VCU 进行通信的通信端口。

低压控制盒 1 和低压控制盒 2 实现对 10 个电池模组的监控，监控信号发送到 CAN 总线上，其他控制器需要该信号可以从总线上自由获取。同样，主控盒对动力蓄电池内部的控制信号也发送到内部总线上，被控对象收到信号后执行被控动作。

动力蓄电池的总电压、母线电流等信号通过主控盒发送到总线上，以便于其他控制器获取。外部 VCU 通过通信端口和动力蓄电池内部进行通信，以获得各种信息。同时，也通过内部 CAN 总线让动力蓄电池内部的接触器等执行器进行动作。

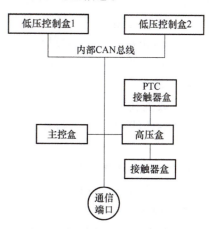

图 2-4-1 北汽 EV160 动力蓄电池内部 CAN 总线结构

2. 北汽 EV160 动力蓄电池内部 CAN 波形

北汽 EV160 动力蓄电池内部 CAN 采用了双绞线的结构，在双绞线外部包裹有屏蔽线。CAN-H 线和 CAN-L 线两个终点之间串联有两个 120Ω 的电阻，如果进行开路测量，则电阻值应为 60Ω（开路检测时，两个电阻为并联关系）。

北汽 EV160 动力蓄电池内部 CAN 总线采用 CAN-H 线和 CAN-L 两条线相互校验的方式进行通信，波形如图 2-4-2

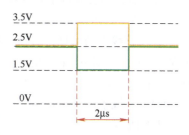

图 2-4-2 新能源 CAN 波形

所示。

当 CAN-H 线和 CAN-L 线上电压都为 2.5V 时，两线间的电压差为 0V，为隐形电平，即静电平；当 CAN-H 线上电压升至约 3.5V、CAN-L 线上电压降至 1.5V 时，两线间的电压差为 2V，此时为显性电平。CAN 总线依靠电平的变化来传送信息。

2.4.4 CAN 总线结构

一般 CAN 总线包含以下结构：

1. 硬件

硬件结构主要包括各个分布的 ECU、控制器、收发器、CAN-H 线、CAN-L 线、终端电阻及网关等结构。具体结构如图 2-4-3 所示。

1）CAN 收发器：安装在控制器内部，同时兼具接收和发送的功能，将控制器传来的数据化为电信号并将其送入数据传输线。

2）数据传输终端：是一个电阻，防止数据在线端被反射，以回声的形式返回，影响数据的传输。

3）数据传输线：双向数据线 CAN-H 线和 CAN-L 线相互缠绕，为双绞线的结构，采

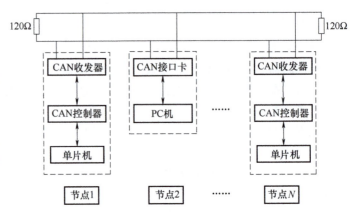

图 2-4-3　CAN 总线硬件结构

用双绞线自身校验的结构，既可以防止电磁干扰对传输信息的影响，也可以防止本身对外界的干扰。系统中采用高低电平两根数据线，控制器输出的信号同时向两根通信线发送，高低电平互为镜像。并且每一个控制器都增加了终端电阻，已减少数据传送时的过调效应。

4）网关：由于不同区域 CAN 总线的速率和识别代号不同，因此一个信号要从一个总线进入到另一个总线区域，必须把它的识别信号和速率进行改变，能够让另一个系统接收，这个任务由网关来完成。另外，网关还具有改变信息优先级的功能。如车辆发生相撞事故，气囊控制单元会发出负加速度传感器的信号，这个信号的优先级在驱动系统是非常高，但转到舒适系统后，网关调低了它的优先级，因为它在舒适系统的功能只是打开门和灯。

2. CAN 总线功能

CAN 总线上的信息：信息是以二进制形式出现的，也就是说控制单元将信息转换成二进制，CAN 总线用电平来模拟二进制，接受控制单元将电平转换成二进制数据，再将二进制数据转换成正常数据，如图 2-4-4 所示。

CAN 总线上的逻辑信号：CAN-H 线和 CAN-L 线采用了相互校验的方式，各自的信号如图 2-4-5 所示。

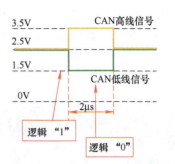

图 2-4-4　CAN 总线上的信息　　　　图 2-4-5　CAN 总线上的逻辑信号

当 CAN-H 线和 CAN-L 线上电压都为 2.5V 时,两线间的电压差为 2V,为隐形电平,即静电平;当 CAN-H 线上电压升至约 3.5V、CAN-L 线上电压降至 1.5V 时,两线间的电压差为 2V,此时为显性电平。CAN 总线依靠电平的变化来传送信息。

3. CAN 总线数据结构

当控制器发送信息时,并不仅仅是数据本身,它同时还带有属性数据打成数据包一起传送。该数据包共有 7 个数据段,分别储存有开始区(1 位)、状态区(11 位)、检验区(6 位)、数据区(64 位)、安全区(16 位)、确认区(2 位)和结束区(7 位)。如图 2-4-6 所示。

因为 CAN 总线采用串行数据传递(单根数据线)方式,如果有多个控制器同时需要发出信号,那么在总线上一定会发生数据冲突。所以每一个数据列都有它的优先级。当有多个控制器试图发送信息时,它们自己的接收器为信息优先级进行仲裁,当其他控制器发送的信息优先级高于自己控制器发送信息时,通知自己控制器停止发送,整个控制器进入接收状态。

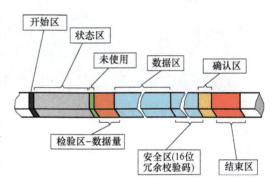

图 2-4-6　CAN 总线数据结构

在信息数据列中有 11 位的状态区,这 11 位二进制中前 7 位既是发送信息的控制器标识符,同时又表示了它的优先级,即从前往后数,前面零越多,优先级越高。而后 4 位则是这个控制器发送不同信息的编号,如发动机控制单元既要发送转速信号,又要发送水温等信号,则后 4 位就有所不同。

为了实现发送和接收的同步,采用信号边沿对齐和位填充的方式进行同步。

2.4.5　电池内部总线认知

电池内部 CAN 总线系统包括一个主控盒、一个高压盒、两个低压控制盒及动力蓄电池通信接口,以上部件通过 CAN 总线连接,CAN 总线即为双绞线和屏蔽层。

电池模组的电压信号和温度信号输入分控盒（低压控制盒），低压控制盒将电压、温度信号通过总线和主控盒、高压盒及动力蓄电池通信接口进行通信。

1) 主控盒，位于电池前部，如图2-4-7所示。
2) 高压盒，位于电池前部，主控盒对面，如图2-4-8所示。

图2-4-7　主控盒　　　　　　　　　图2-4-8　高压盒

3) 动力蓄电池通信接口位于电池前部，如图2-4-9所示。
4) 低压控制盒，有两个，分别控制左右两侧、各5个电池模组，如图2-4-10所示。

图2-4-9　动力蓄电池通信接口　　　　图2-4-10　低压控制盒

5) 电压测量端子，每个电池模组有11根红色线缆，用来测量每个电池模块的电压，电压信号通过插头输入低压控制盒，如图2-4-11所示。
6) 电池温度测量端子，每个电池模组有1个温度测量模块，温度测量模块连接3条线，并额外有1条屏蔽线，用来测量整个电池模组的温度，温度信号通过插头输入低压控制盒，如图2-4-12所示。低压控制盒将电压、温度等信号通过总线和主控盒、高压盒及动力蓄电池通信接口进行通信。

图2-4-11　电压测量端子　　　　　　图2-4-12　电池温度测量端子

7）CAN 总线，包含 CAN-H 和 CAN-L 以及 CAN 屏蔽线，内部 CAN 高线和 CAN 低线如图 2-4-13 所示。

图 2-4-13　内部 CAN 高线和 CAN 低线

1. 动力蓄电池信息管理系统的作用就是将动力蓄电池监测信号、动力蓄电池执行器信号等信息进行输送、管理、共享等。这些功能主要通过新能源 CAN 总线实现。

2. CAN 总线系统的控制单元连接方式采用铜缆串行方式，不同控制器之间的信息传送方式是广播式传输，即每个控制单元不指定接收者，把所有的信息都往外发送；由接收控制器自主选择是否需要接收这些信息。

3. 北汽 EV160 动力蓄电池内部 CAN 采用了双绞线的结构，在双绞线外部包裹有屏蔽线。CAN-H 线和 CAN-L 线两个终点之间串接有两个 120Ω 的电阻，如果进行开路测量，则电阻值应为 60Ω。

任务工单2.4

任务名称	电池信息管理	学时	4	班级	
学生姓名		学生学号		任务成绩	
实训设备、工具及仪器	北汽EV160电动汽车动力蓄电池包实验台4台，万用表4个。	实训场地	一体化教室	日期	
客户任务描述	小王在某新能源汽车4S店工作，有一天接了一辆车，师傅让小王检测总线终端电阻是否损坏。				
任务目的	请根据任务要求制订工作计划，安全、规范地对新能源汽车动力蓄电池总线进行检查。				

一、资讯

1. CAN总线系统的_____连接方式采用_____串行方式。由于控制器采用串行合用方式，因此不同控制器之间的信息传送方式是_____。也就是说每个控制单元不指定接收者，把所有的信息都往外发送；由_____自主选择是否需要接收这些信息。

2. EV160动力蓄电池内部的CAN节点包括_____、低压控制盒2、_____、高压盒以及和_____进行通信的通信端口。

3. 动力蓄电池的_____、母线电流等信号通过_____发送到总线上，以便于其他控制器获取。_____通过通信端口和_____内部进行通信，以获得各种信息。同时，也通过_____让动力蓄电池内部的接触器等执行器进行动作。

4. 北汽EV160动力蓄电池内部CAN采用了_____的结构，在双绞线外部包裹有屏蔽线。CAN-H线和CAN-L线两个终点之间_____联有两个_____Ω的电阻，如果进行开路测量，则电阻值应为_____Ω。

5. 当CAN-H线和CAN-L线上电压都为_____V时，两线间的电压差为_____V，为隐形电平，即静电平；当CAN-H线上电压升至约_____V、CAN-L线上电压降至_____V时，两线间的电压差为2V，此时为_____电平。CAN总线依靠电平的变化来传送信息。

6. 填写下表

图中，黄色线为_____线。
绿色线为_____线。
逻辑1，电压差值为_____。
逻辑0，电压差值为_____。

二、计划与决策

请根据任务要求，确定所需要的仪器、工具，并对小组成员进行合理分工，制订详细的CAN总线检查和计划。

1. 需要的仪器、工具

2. 小组成员分工

3. 检查计划

三、实施

打开电池箱：

电池箱通过_____个螺栓连接；

使用_____拆下螺栓；

打开电池箱；

电池内部总线的颜色为：_____；

电池内部 CAN 总线系统包括：

一个_____；

一个_____；

两个_____；

动力蓄电池通信接口，以上部件通过_____连接。

电池模组的电压信号和温度信号输入_____；

低压控制盒将_____、_____信号通过总线和主控盒、高压盒及动力蓄电池通信接口进行通信。

可用万用表测量终端电阻,电阻为：_____；

通过上述过程,请总结过程中需要注意的事项：

1) _____

2) _____

3) _____

四、检查

通过认知,检查线束连接是否正常；

终端电阻是否正常：_____。

五、评估

1. 请根据自己任务完成的情况,对自己的工作进行自我评估,并提出改进意见。

1) _____

2) _____

3) _____

2. 工单成绩（总分为自我评价、组长评价和教师评价得分值的平均值）

自我评价	组长评价	教师评价	总分

学习情境 3
充电系统检测与修复

🡪 学习目标

➢ 能通过与客户交流、查阅相关维修技术资料等方式获取车辆信息。

➢ 能掌握车载高压系统主要零部件的作用和特点。

➢ 能正确进行充电装置的使用。

➢ 能进行车载充电机、DC/DC、高压控制盒等的更换。

➢ 能找到车辆上故障诊断接口。

➢ 能根据故障需求选择正确的诊断和检测设备。

➢ 能根据环保要求，正确处理对环境和人体有害的辅料、废气、液体和损坏的零部件。

学习单元 3.1　充电装置的使用

任务导入

小王在某新能源汽车 4S 店工作，客户购买了一辆 EV160 轿车，师傅让小王给客户展示如何进行充电操作，你知道如何安全、规范地对电动汽车进行充电吗？

学习目标

1. 能通过与客户交流、查阅相关维修技术资料等方式获取车辆信息；
2. 能根据故障要求制订正确的操作计划；
3. 能正确选择充电设备对新能源汽车进行充电；
4. 能正确记录、分析充电情况并判断充电状态；
5. 能按照正确操作规范进行充电操作。

理论知识

动力蓄电池作为电动汽车的唯一能量来源，需要外部进行充电。当动力蓄电池剩余电量低于 30% 时，在仪表板上会出现如图 3-1-1 所示的图标，提醒使用者对电动汽车进行充电。

当剩余电量低于 10% 时，为保护动力蓄电池，会限速行驶（北汽 EV160 限速为 9km/h）。电动汽车充电是电动汽车使用过程中必不可少的环节，充电快慢影响着电动汽车使用者的出行。根据电动车动力蓄电池组的技术特性和使用性质，可存在着不同充电模式。现有的充电方式分为慢充和快充两类。

图 3-1-1　充电提醒标志

3.1.1　慢充充电方式

慢充充电也称为交流充电或常规充电方式，指用充电连接线将电动汽车和交流充电装置连接起来进行充电的方式。根据充电装置的不同，慢充充电又可以分为两类：交流充电桩充电和充电适配器充电。慢充充电模式缺点是充电时间较长，但其对充电设备的要求并不高，充电器和安装成本较低；可充分利用电力低谷时段进行充电，降低充电成本；更为重要的是可对电池深度充电，提升电池充放电效率，延长电池寿命。充电桩交流充电为标准充电模式时（充电桩充电），在环境温度（大于 0℃）的情况下，车辆从电量报警状态到充满电，大约耗时 8h。当使用充电适配器充电时，充电功率为 3kW 左右，为家用标准空调插座（16A 插座）所能提供的最大安全功率。

1. 交流充电桩充电

将充电连接线直接连接交流充电桩进行充电，EV160 自带了充电交流接线，如图 3-1-2 所示，可以连接交流公共充电桩。

充电连接线一端是蓝色充电枪，用来连接车辆慢充口；另一端是黑色充电枪，用来连接充电桩。连接车辆端的充电枪有 7 个针脚，如图 3-1-3 所示。

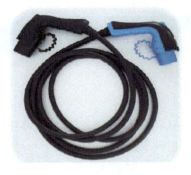

图 3-1-2　EV160 自带的充电连接线

图 3-1-3　连接车辆端的充电枪针脚

使用自带的充电连接线时，一定要将蓝色充电枪插入车身上慢充口，将黑色充电枪插入充电桩，然后打开充电桩电源（或打开计费开关）。有些交流充电桩也自带了充电连接线，可以直接连接慢充口进行充电。

2. 通过交流适配器充电

这种充电方式使用家庭用 220V 交流电进行充电，需要将随车配置的交流充电适配器的三相插头插入家庭用电，充电枪插入电动汽车慢充接口即可进行充电，如图 3-1-4 所示。

充电电流有 16A 和 32A 两种，16A 电流充电时间一般为 6~8h。32A 电流充电时间一般为 4~6h。因此，用户在使用该类充电方式时一定要注意所用插座允许使用的最大电流，以免发生危险。

3. 慢充口

采用慢充充电方式时，要将充电枪连接到车身左后部位充电口。慢充口位置如图 3-1-5 所示。

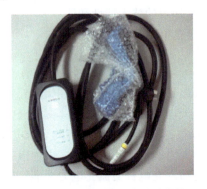

图 3-1-4　慢充适配器（充电连接线 2）

图 3-1-5　EV160 慢充口位置

车身上慢充口带有 7 个针脚的接口，如图 3-1-6 所示。

图中各个针脚的定义如下：

CP 端：控制确认，该针脚信号正常说明充电枪和车上系统控制信号正常；

CC 端：充电插接器确认，该针脚信号正常说明充电枪和车身连接正常；

N 端：家庭用电 220V 零线端，该针脚为零线供电端；

PE 端：接地端，该针脚用于接地；

L 端：家庭用电 220V 火线端，该针脚为火线供电端；

NC$_2$ 端：空；

NC$_1$ 端：空。

慢充时，交流电通过充电桩或者适配器后，经慢充口进入车载充电系统，经线束将交流电送入车载充电机，车载充电机将交流电转化为直流电后经高压控制盒，通过高压母线给动力蓄电池进行充电。

测量慢充线充电枪端，16A 充电连接线 CC 端子和 PE 端子电阻值应为 680Ω，32A 充电连接线的电阻值应为 300Ω。

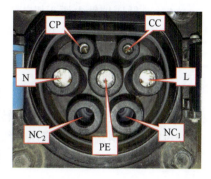

图 3-1-6　慢充口的 7 个针脚

3.1.2　快充充电方式

快充充电方式也称为直流充，指用充电连接线将电动汽车和直流充电桩连接起来进行充电的方式。这类充电方式充电时间短，能够在较短时间给蓄电池补充大量电能。目前，直流充电桩可以提供 100A 的充电电流。一般直流充电桩带有充电连接线，如图 3-1-7 所示，可以连接车辆的快充口进行直流充电。

快充充电连接线一端是蓝色充电枪，用来连接车辆，另一端是黑色充电枪，用来连接充电桩。连接车辆端的充电枪有 9 个针脚，对应车身上快充充电口的 9 个针脚槽。采用快充充电方式时，要将充电枪连接到车前栅格中部车标下方充电口，如图 3-1-8 所示。

车身上快充口带有 9 个针脚的接口，如图 3-1-9 所示。

图 3-1-7　EV160 快充充电连接线

图 3-1-8　快充口的位置

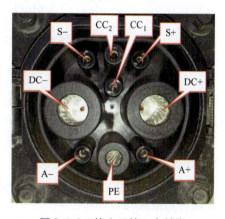

图 3-1-9　快充口的 9 个针脚

各个针脚的定义如下：

DC－：直流电源负；

DC＋：直流电源正；

PE：车身地（搭铁）；

A－：低压辅助电源负极；

A＋：低压辅助电源正极；
CC_1：充电连接确认1；
CC_2：充电连接确认2；
S＋：充电通信CAN-H；
S－：充电通信CAN-L。

快充时，交流电通过充电桩转换为直流电后，通过充电连接线进入车上快充口，然后直接经过高压控制盒后，经高压母线给动力蓄电池进行充电。直流充电口通过高压线直接连接高压控制盒。

3.1.3 充电策略

1. 慢充

锂电池慢充时一般采用恒压充电的方式进行充电，超过一定电压值，电池物质会发生分解，影响电池的安全性。所以锂电池对充电终止电压的精度要求很高，一般误差不能超过额定值的1%。

对于锂电池，充电过程一般分为三个阶段：预充电阶段、恒定电流充电阶段和恒定电压充电阶段，如图3-1-10所示。

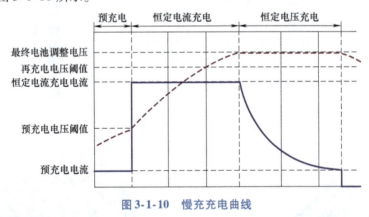

图3-1-10 慢充充电曲线

预充电阶段是电池电压较低时，电池不能承受大电流的充电，这时有必要以小电流对电池进行浮充，主要是完成对过放电的锂电池进行修复；当电池电压达到一定值时，电池可以承受大电流充电，这时以恒定的大电流充电，以使锂离子快速均匀地转移。可以用以下两种方法判断是否停止恒流充电。

（1）电池最高电压终止法 电池电压达到最高电压限制时，到了电池承受电压的极限时，应终止恒流充电。

（2）电池最高温度终止法 电池温度达到60℃时，立即停止充电。

随后，进入恒压充电阶段，充电电流逐渐降低，单节电池的恒压充电电压应在规定值的±1%范围变化。恒压充电的截止条件一般用最小充电电流来控制，充电电流很小时（一般为0.05C，或恒流充电电流的1/10），表明电池充满，应停止充电。

2. 快充

快充充电方法是采用脉冲快速充电。脉冲快速充电是指充电过程中不断用反复放电充电的循环充电。首先进行一级充电，给电池组用0.8～1倍额定容量的大电流进行定流充电，使蓄电池在短时间内充至额定容量的 50%~60%。然后由电路控制先停止充电 25~40ms，接着再放电或反充电，使电池组反向通过一个较大的脉冲电流，最后停止充电。当电池电量到达标称容量的 60% 后，进行二级充电，充电电流变为 0.5~0.6 倍额定容量的大电流。随着电池电量逐渐增加，之后的充电都按照正脉冲充电—前停充—负脉冲瞬间放电—后停充—再正脉冲充电的循环，充电电流按照上一级的 60% 继续进行充电，直至充满。脉冲快速充电过程如图 3-1-11 所示。

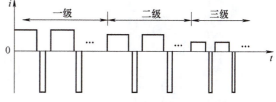

图 3-1-11　脉冲快速充电过程

脉冲快速充电的最大优点为充电时间大为缩短；且可增加适当电池容量，提高起动性能。但是脉冲充电电流较大，对极板的活性物质的冲刷力强，活性物质易脱落，因此对电池组寿命有一定影响。现阶段大多数快速充电都采取脉冲快速充电方法。

快速充电模式实质上为应急充电模式，其目的是在短时间内给电动汽车充电。高功率、高电压的工作条件，从而使得快速充电模式仅存在于大型充电站或公路旁作为应急使用。虽然快速充电的充电速度非常快，其充电时间接近内燃机注入燃油的时间。可是充电设备的安装要求和成本非常高，并且快速充电的电流、电压较高，短时间内对电池的冲击较大，容易使电池的活性物质脱落和电池发热，因此对电池散热保护方面有更高的要求，并不是每款车型都可快速充电。无论电池再完美，长期快速充电终究会影响电池的使用寿命。

3.1.4　充电桩的结构

充电桩的功能类似于加油站里面的加油机，可以固定在地面或墙壁，安装于公共建筑（公共楼宇、商场、公共停车场等）和居民小区停车场或充电站内，可以根据不同的电压等级为各种型号的电动汽车充电。充电桩的输入端与交流电网直接连接，输出端都装有充电插头用于为电动汽车充电。充电桩一般提供常规充电、快速充电两种充电方式，可以使用特定的充电卡在充电桩提供的人机交互操作界面上刷卡使用，进行相应的充电方式、充电时间、费用数据打印等操作，充电桩显示屏能显示充电量、费用、充电时间等数据。充电桩按照充电方式可以分为交流充电桩、直流充电桩和交直流一体充电桩。

1. 交流充电桩

交流充电桩是固定安装在社区停车场、居民小区、大型商场、服务区、路边停车场等场所，接入电网，为电动汽车车载充电机提供可控的单向交流电源或三相交流电源的供电装置。交流充电桩如图 3-1-12 所示。

交流充电桩本身并不具备充电功能，其只是单纯提供电力输出，还需要连接电动汽车车载充电机，方可起到为电动汽车电池充电的作用。由于电动汽车车载充电机的功率一般都比较小，所以交流充电桩无法实现快速充电。

交流充电桩要求输入电压 220V±15%，输出电压为 220V，输出功率为 5kW，输出电流频率为 50Hz±2Hz。

交流充电桩电气系统设计如图 3-1-13 所示，主回路由输入保护断路器、交流智能电能表、交流控制接触器和充电接口连接器组成；二次回路由控制继电器、急停按钮、运行状态指示灯、充电桩智能控制器和人机交互设备（显示、输入与刷卡）组成。

图 3-1-12　交流充电桩（箱）　　　　图 3-1-13　交流充电桩结构

QF——输入保护断路器；SM——交流智能电能表；
KM——交流控制接触器；K——二次回路控制继电器

主回路输入断路器 QF 具备过载、短路和漏电保护功能；交流接触器 KM 控制电源的通断；插接器（插座）提供与电动汽车连接的充电接口，具备锁紧装置和防误操作功能。

二次回路提供"起停"控制与"急停"操作；信号灯提供"待机""充电"与"充满"状态指示；交流智能电能表 SM 进行交流充电计量；人机交互设备则提供刷卡、充电方式设置与起停控制操作。

2. 直流充电桩

直流电动汽车充电站，俗称就是"快充"，它是固定安装在电动汽车外，与交流电网连接，可以为非车载电动汽车动力蓄电池提供直流电源的供电装置。直流充电桩包括非车载充电机、车辆接口、计费系统、通信系统等组成。

直流充电桩的输入电压采用三相四线 AC380V±15%，频率 50Hz，输出为可调直流电，直接为电动汽车的动力蓄电池充电。由于直流充电桩采用三相四线制供电，可以提供足够的功率，输出的电压和电流调整范围大，可以实现快充的要求。

直流充电桩也是固定安装在户外，例如社区停车场、居民小区、大型商场、服务区、路边停车场、专门的电动汽车充电站等场所，接入电网，为电动汽车电池提供直流电源的充电装置。

3.1.5　充电连接线的检查

检查项目包括：

1）目测充电线外观是否有破损、裂痕；

2）进行充电测试检测充电线是否导通；

3）在充电过程中，充电线会产生热量，如有破损，应及时更换，避免产生危险。

3.1.6 充电适配器的使用

打开行李箱盖，取出交流充电模式2连接线，如图3-1-14所示。

该线上有三相插头、适配器以及交流充电枪；适配器上有电源指示、故障指示、充电指示功能，如图3-1-15所示。

图3-1-14 交流充电模式2连接线

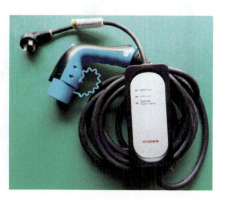

图3-1-15 适配器上的指示灯

等待充电时，电源指示灯常绿，充电指示灯常橙，故障指示灯灭；正常充电时，电源指示灯常绿，充电指示灯橙色闪烁，故障指示灯灭；充电完成时，电源指示灯常绿，充电指示灯灭，故障指示灯灭。

使用该连接线时，确保充电口干燥且无异物，供电端必须增加漏电保护开关，三相插头必须与插座可靠连接，供电端必须可靠接地；使用过程中严禁撞击、拖拽充电线；此连接线仅用于电动汽车充电使用，雨天不可使用此设备进行充电；充电时要注意额定充电电流与供电端匹配。

充电时，首先打开车门，拉起慢充口拉手；将三相插头插入供电端，电源指示灯点亮，如图3-1-16所示。

打开充电枪盖，打开慢充口外盖和内盖，按下充电枪按钮，插入充电枪，如图3-1-17所示。

图3-1-16 充电时电源指示灯亮

图3-1-17 插入充电枪

松开充电枪按钮，此时适配器上充电指示灯亮，如图 3-1-18 所示。

打开车门，仪表盘上会显示车外温度、充电电压、充电电流以及剩余电量，如图 3-1-19 所示。

当充电完成时，按下充电枪按钮，拔出充电枪，盖上充电枪盖，盖上慢充口内盖和外盖，从供电端拔下三相插头，收起交流充电模式 2 连接线，整理后放入行李箱。

图 3-1-18　适配器上充电指示灯亮

图 3-1-19　仪表盘上信息显示

3.1.7　直流充电桩快速充电

使用直流充电桩充电时，按照下列步骤进行。

1）将车辆停至直流充电桩指定停车地点，关闭起动开关，将起动钥匙取下；

2）打开充电口盖板，松开快充充电插座塑料卡扣，打开塑料盖；

3）将直流充电桩用充电枪与车身上的快充充电插座相连接。此时，组合仪表上充电连接指示灯点亮。充电过程中充电连接指示灯一直处于点亮状态，只有拔下充电枪并关闭塑料盖及充电口盖板之后，充电连接指示灯才会熄灭。

单元小结

1. 动力蓄电池作为电动汽车的唯一能量来源，需要外部进行充电。根据电动车动力蓄电池组的技术特性和使用性质，可存在不同的充电模式。现有的充电方式分为慢充和快充两类。

2. 慢充充电也称为交流充电或常规充电方式，指用充电连接线将电动汽车和交流充电设备连接起来进行充电的方式。慢充充电又可以分为两类：交流充电桩充电和充电适配器充电。

3. 快充充电方式也称为直流充，指用充电连接线将电动汽车和直流充电桩连接起来进行充电的方式。

任务工单 3.1

任务名称	充电装置的使用		学时	4	班级	
学生姓名			学生学号		任务成绩	
实训设备、工具及仪器	北汽 EV160 电动汽车 4 台,充电连接线 2 共 4 个,16A 空调插座 4 个。		实训场地	一体化教室	日期	
客户任务描述	小王在某新能源汽车 4S 店工作,客户购买了一辆 EV160 轿车,师傅让小王给客户展示如何进行充电操作。					
任务目的	请根据任务要求制订工作计划,安全、规范地对新能源汽车进行充电					

一、资讯

1. _____作为电动汽车的唯一能量来源,需要外部进行充电。当动力蓄电池剩余电量低于_____时,车辆会提醒使用者对电动汽车进行充电。当剩余电量低于_____时,为保护动力蓄电池,会限速行驶,对于北汽 EV160,限速为_____km/h。

2. 现有的充电方式分为_____和_____两类。

3. 慢充充电又可以分为两类:_____充电和_____充电。

4. 慢充充电连接线一端是_____充电枪,用来连接车辆,另一端是_____充电枪,用来连接充电桩。连接车辆端的充电枪有_____个针脚。

5. 慢充时,交流电通过充电桩或者适配器后,经_____进入车载充电系统,经线束将_____电送入_____,将_____电转化为_____电后经高压控制盒,通过高压母线给动力蓄电池进行充电。

6. 快速充电方式也称为_____,指用充电连接线将电动汽车和_____连接起来进行充电的方式,这类充电方式充电时间_____。

7. 快充充电连接线一端是_____充电枪,用来连接车辆,另一端是_____充电枪,用来连接充电桩。连接车辆端的充电枪有_____个针脚,对应车身上快充充电口的_____个针脚槽。

8. 快充时,交流电通过充电桩转换为_____电后,通过充电连接线进入车上_____,然后直接经过_____后,经高压母线动力蓄电池进行充电。

9. 对于锂电池,充电过程一般分为三个阶段:_____、_____和恒定电压充电阶段。

10. 快充充电方法是采用_____。_____充电是指充电过程中不断用反复放电充电的循环充电。

11. 填写慢充口针脚定义。

CP 端:_____
CC 端:_____
N 端:_____
PE 端:_____
L 端:_____
NC_2 端:_____
NC_1 端:_____

12. 填写快充口针脚定义。

DC - ：_____
DC + ：_____
PE：_____
A - ：_____
A + ：_____
CC_1：_____
CC_2：_____
S + ：_____
S - ：_____

二、计划与决策

请根据任务要求，确定所需要的仪器、工具，并对小组成员进行合理分工，制订详细的充电流程和计划。

1. 需要的仪器、工具

2. 小组成员分工

3. 充电计划

三、实施

1) 打开起动开关，观察仪表板上显示的剩余电量；
2) 打开行李箱盖，取出_____；该线上有_____、适配器以及交流充电枪；适配器上有_____、故障指示、_____功能；
3) 打开车门，拉起_____；将_____插入供电端，电源指示灯点亮；
4) 打开_____，打开慢充口外盖和内盖，按下_____，插入充电枪；
5) 松开_____，此时适配器上充电指示灯_____；
6) 打开车门，_____会显示车外温度、_____、充电电流以及_____；
7) 当充电完成时，按下_____，拔出充电枪，盖上_____，盖上慢充口内盖和外盖，从_____拔下三相插头，收起交流充电模式2连接线，整理后放入行李箱。

通过上述过程，请总结充电过程中需要注意的事项：

1) _____
2) _____
3) _____

四、检查

充电完成后,起动开关置 ON 位,并进行如下检查:

1. 检查仪表电量:_____。
2. 检查蓄电池电压:_____。
3. 检查蓄电池剩余电量:_____。

五、评估

1. 请根据自己任务完成的情况,对自己的工作进行自我评估,并提出改进意见。

   1)_____
   _____
   2)_____
   _____
   3)_____
   _____

2. 工单成绩(总分为自我评价、组长评价和教师评价得分值的平均值)

自我评价	组长评价	教师评价	总分

学习单元 3.2　充电系统检查

小王在某新能源汽车 4S 店工作，今天接了一辆故障车，经检查需更换高压控制盒，更换新的高压控制盒后，发现不能进行正常的慢充。师傅检查后告知小王需要将高压控制盒和车载充电机之间的高压线重新插拔，你知道这是为什么吗？

1. 能通过与客户交流、查阅相关维修技术资料等方式获取车辆信息；
2. 能根据故障现象制订正确的维修计划；
3. 能按照正确操作规范进行高压线缆的插拔；
4. 能根据环保要求，正确处理对环境和人体有害的废料和损坏的零部件。

3.2.1　电动汽车高压系统

纯电动汽车电源系统是由高压电源、低压电源、充电系统、高压电缆和电源管理系统、高压配电系统等部分组成。北汽 EV160 部分部件如图 3-2-1 所示。

1. 纯电动汽车高压系统的功用

1) 电动汽车起动时，电源系统向电机以及其他电气设备供电；
2) 当动力蓄电池电压高或低于设定的电动势时，电源管理系统会切断动力蓄电池同时发出警告；
3) 当动力蓄电池断路或损坏时，电源管理系统会切断动力蓄电池保护乘员的人身安全；
4) 能吸收整车电气系统电路中出现的瞬时过电压，稳定电网电压，保护电子元件不被损坏；另外，对电子控制系统来说，电源系统也是电子控制装置内的不间断电源。

安全起见，高压系统设置了高压互锁装置。

2. 电动汽车高压系统的结构

北汽 EV160 电动汽车高压系统的结构如图 3-2-2 所示。

可以看出，北汽 EV160 的高压系统包括动力蓄电池、高压电源系统、配电系统和用电设备。充电系统包括快充口、慢充口和车载充电机等，用于对动力蓄电池进行充电；配电系统主要是高压控制盒，对高压电系统进行配电，控制高压电电流流向；用电设备包括电机控制器、动力电机、DC/DC 变换器、空调压缩机以及空调 PTC。

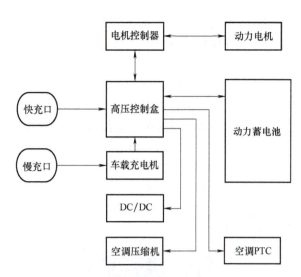

图 3-2-1 电动汽车电源系统部分部件　　　　图 3-2-2　北汽 EV160 电动汽车高压系统的结构框图

3.2.2　高压电源系统部件

1. 高压电源

电动汽车的高压电源即为电动汽车动力蓄电池，为了使电动汽车有更好的驾驶性能和更远的续驶里程，纯电动汽车的高压电源是由众多单体电池串联而成的动力蓄电池包。其功能为储存能量和释放能量。北汽 EV160 动力蓄电池包如图 3-2-3 所示。

2. 低压电源

低压电源是由车载 12V 铅酸蓄电池和 DC/DC 变转器并联提供的，DC/DC 变转器将动力蓄电池的高压电转化为 13.8V 输出，是电动汽车的辅助电源。其主要功能主要为车身电气提供电能。电动汽车的辅助电源则由主电源通过 DC/DC 变换器来充电。图 3-2-4 为北汽 EV160 电动汽车 DC/DC 变换器。

图 3-2-3　北汽 EV160 动力蓄电池　　　　图 3-2-4　北汽 EV160 DC/DC 变换器

3. 车载充电系统

车载充电系统将电动汽车外部的能量转化为动力蓄电池的能量储存起来，其主要由充电接口、车载充电机等组成。图 3-2-5 为北汽 EV160 的车载充电机。

车载充电机上有充电状态指示灯，用来指示充电状态，并且采用了风冷形式进行冷却。

4. 高压配电系统

高压配电系统的功能是由供电的动力蓄电池将电能通过继电器、熔丝等配电器件，送到车辆的电机系统、充电系统、空调系统、PTC 加热系统、DC/DC 低压系统、电动助力转向系统等。高压配电系统的主要部件是高压控制盒，如图 3-2-6 所示，其主要由维修开关、电源管理系统、分流器、继电器、预充电阻、接触器、熔丝等组成。

5. 高压电缆

高压电缆是电动汽车特有的专用电缆，它包括高压电缆和高压电缆专用接口，其功能是保证能传输大电流、大电压的同时又能满足电缆的散热性能、绝缘性能良好。北汽 EV160 高压电缆外形如图 3-2-7 所示。

图 3-2-5　北汽 EV160 车载充电机

图 3-2-6　北汽 EV160 高压控制盒

图 3-2-7　北汽 EV160 高压电缆

整车共分为 5 段高压线束，如图 3-2-8 所示。

1）动力蓄电池高压电缆：连接动力蓄电池到高压盒之间的线缆；

2）电机控制器电缆：连接高压盒到电机控制器之间的线缆；

3）快充线束：连接快充口到高压盒之间的线束；

4）慢充线束：连接慢充口到车载充电机之间的线束；

5）高压附件线束（高压线束总成）：连接高压盒到 DC/DC、车载充电机、空调压缩机、空调 PTC 之间的线束。

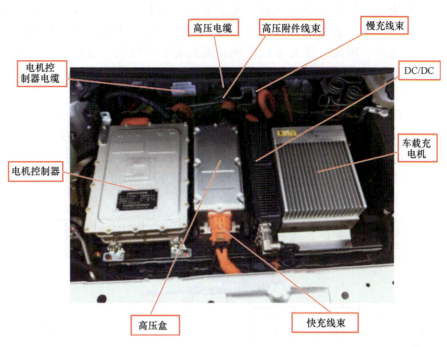

图 3-2-8 整车的高压线束

每个高压线束插头上都有高压互锁装置，高压互锁回路（High Voltage Interlock，HVIL），设置高压互锁的目的：

① 整车在高压上电前确保整个高压系统的完整性，使高压处于一个封闭环境下工作提高安全性；

② 当整车在运行过程中高压系统回路断开或者完整性受到破坏的时候，需启动安全防护；

③ 防止带电插拔高压插接器给高压端子造成的拉弧损坏。如果高压互锁断开，车辆会发出警报。

6. 电源管理系统

纯电动汽车电源管理系统的主要作用有：

1）采集动力蓄电池的电压、电流和温度，判断动力蓄电池的漏电状态，通过控制高压配电箱内的高压接触器和继电器来控制电池的充放电状态；

2）实现动力蓄电池的热管理、能量管理、健康管理、充电管理等。

3.2.3 电动汽车车载充电系统

电动汽车车载充电系统由充电接口、充电电缆、高压电缆、车载充电机、高压配电盒及动力蓄电池组成。

按照充电方式可以分为慢充方式和快充方式两种。

1. 慢充方式

慢充又称为交流充电，北汽 EV160 慢充系统构成简图如图 3-2-9 所示。

由图 3-2-9 可以看出，慢充时，供电设备（交流充电桩或充电插接器 2）通过交流充电接口将家用交流电提供给车载充电机,车载充电机将其变成高压、直流电之后,送入高压配电盒,然后给动力蓄电池进行充电。慢充所依赖的基础设施成本较低,用普通的家用插座就可以充电。因此,慢充不仅方便,而且有利于延长电池的使用寿命,但慢充充电时间较长。通过 CAN 总线对慢充系统工作状况进行监控。

2. 快冲方式

快充又称为直流充电,北汽 EV160 快充系统构成简图如图 3-2-10 所示。

由图 3-2-10 可以看出,快充时,供电设备(一般为直流充电桩)通过直流充电接口将高压直流电提供给高压配电盒,高压配电盒通过直流母线给动力蓄电池进行充电。快充方式充电时间短。但是需要专用的充电桩,且快充方式对动力蓄电池的寿命有一定的影响。可以看出,快充系统不使用车载充电机。

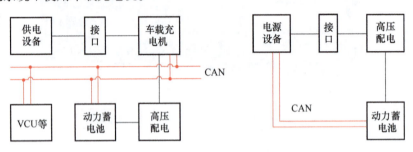

图 3-2-9 北汽 EV160 慢充系统　　　　图 3-2-10 北汽 EV160 快充系统

3.2.4 无线充电技术

电动车代表着未来汽车的方向。为了解决电动汽车充电问题,无线充电系统出现了。无线充电技术有着"站不征地、车不增负、充不动手、路不白跑、电不过放"的五大优势,因此被广泛看好。

无线充电技术利用了电磁感应定律来实现:借助两个电磁线圈间的磁场变化来传递电能,即将一个受电线圈装置安装在汽车的底盘上,将另一个供电线圈装置安装在地面,当电动车行驶到供电线圈装置上,受电线圈即可接收到电流,从而对电动车进行充电,如图 3-2-11 所示。

如果把线圈埋在停车场或者公路的地下,车辆只要从这条公路上开过去就可以充上电。这不仅减少了安装充电桩的成本,还让电动汽车随行随充,有效解决了电池续驶的问题。

图 3-2-11 无线充电技术

但是无线充电技术现在还有一些亟待解决的问题。首先,无线充电技术目前还不太成熟。无线充电设施的安全保护及应用设计还有待实践检验，例如供电、受电线圈装置的防水、充电时的人身安全问题、如何实现无线充电的系统与当地电网连接、如何处理在交流转直流过程中对供电网络产生的谐波影响等。

3.2.5 高压配电系统认知

高压配电系统由动力蓄电池、高压控制盒、电机控制器、电机、车载充电机、DC/DC 变换器、空调压缩机、PTC 加热装置，快充口及慢充口组成。

车辆行驶时，高压电从动力蓄电池经动力母线输出到高压控制盒，高压控制盒将电能分配给电机控制器，电机控制器驱动电机工作从而使车辆行驶。

空调系统制冷时，高压控制盒经线束将高压电分配给空调电动压缩机，从而驱动空调系统工作。

空调系统暖风工作时，高压控制盒经线束将高压电分配给空调 PTC 加热器，从而使空调暖风系统工作。

当低压蓄电池需要充电时，高压控制盒经线束将高压电分配给 DC/DC 变换器，将动力蓄电池电压转换为 14V 左右，给低压蓄电池进行充电。

当对动力蓄电池进行慢充充电时，电流通过慢充口经交流充电线进入车载充电机。车载充电机将其转化为直流电后进入高压控制盒，通过高压控制盒给动力蓄电池进行充电。

当对动力蓄电池进行快速充电时，电流通过快充口经直流充电线进入高压控制盒，高压控制盒内部继电器吸合，通过高压母线给动力蓄电池进行充电。

1）电机控制器如图 3-2-12 所示；
2）高压控制盒如图 3-2-13 所示。

图 3-2-12　电机控制器

图 3-2-13　高压控制盒

3）DC/DC 变换器如图 3-2-14 所示；
4）车载充电机如图 3-2-15 所示；
5）连接空调 PTC 加热器的线束如图 3-2-16 所示；
6）电动压缩机在车辆下部；
7）快充接口如图 3-2-17 所示。

高压控制盒前部线束连接快充接口，高压控制盒后端上部线束连接车载充电机、DC/DC 变换器、空调 PTC 加热器以及空调压缩机，高压控制盒后端下部右侧线束连接动力蓄电池，高压控制盒后端下部左侧线束连接电机控制器。

图 3-2-14　DC/DC 变换器

图 3-2-15　车载充电机

图 3-2-16　PTC 加热器线束

图 3-2-17　快充接口

单元小结

1. 纯电动汽车电源系统是由高压电源、低压电源、充电系统、高压电缆和电源管理系统、高压配电系统等部分组成。

2. 电动汽车充电系统由充电接口、充电电缆、高压电缆、车载充电机、高压配电盒及动力蓄电池组成。

3. 按照充电方式可以分为慢充方式和快充方式两种。

任务工单 3.2

任务名称	充电系统检查		学时	4	班级	
学生姓名			学生学号		任务成绩	
实训设备、工具及仪器	北汽 EV160 整车 4 台,组合工具 4 台。		实训场地	一体化教室	日期	
客户任务描述	小王在某新能源汽车 4S 店工作,今天接了一辆故障车,经检查需更换高压控制盒,更换新的高压控制盒后,发现不能进行正常的慢充。					
任务目的	请根据任务要求制订工作计划,安全、规范地对新能源汽车进行充电系统检查。					

一、资讯

1. 纯电动汽车电源系统是由_____、低压电源、_____、高压电缆和电源管理系统、_____等部分组成。

2. 北汽 EV160 的高压系统包括_____、高压电源系统、_____和_____。充电系统包括_____、慢充口和_____等,用于对动力蓄电池进行充电;配电系统主要是_____,对高压电系统进行配电,控制高压电电流流向;用电设备包括_____、动力电机、_____、空调压缩机以及空调 PTC。

3. 电动汽车的高压电源即为电动汽车_____,为了使电动汽车有更好的驾驶性能和更远的续驶里程,纯电动汽车的_____是由众多单体电池_____联而成的动力蓄电池包,其功能为储存能量和_____。

4. 低压电源是由车载 12V_____和_____并联提供的,DC/DC 变转器将动力蓄电池的高压电转化为_____V 输出,是电动汽车的_____,其主要功能主要为车身电气提供电能。电动汽车的辅助电源则由主电源通过_____来充电。

5. 慢充时,交流电通过充电桩或者适配器后,经_____进入车载充电系统,经线束将_____电送入_____,将_____电转化为_____电后经高压控制盒,通过高压母线给动力蓄电池进行充电。

6. 车载充电系统将电动汽车_____的能量转化为_____的能量储存起来,主要由充电接口、_____等组成。

7. 高压配电系统的功能是由供电的_____将电能通过继电器、_____等配电器件,送到车辆的_____、充电系统、_____、PTC 加热系统、_____、电动助力转向系统等。高压配电系统的主要部件是_____。

8. 高压电缆是电动汽车特有的专用电缆,它包括_____和高压电缆专用接口,其功能是保证能传输_____、大电压的同时又能满足电缆的_____性能、绝缘性能良好。

9. 电动汽车车载充电系统由_____、充电电缆、高压电缆、_____、高压配电盒及动力蓄电池组成。

10. 慢充时,_____通过交流充电接口将_____电提供给车载充电机,车载充电机将其变成_____、_____电之后,送入高压配电盒,然后给动力蓄电池进行充电。

11. 快充时,_____通过直流充电接口将_____提供给高压配电盒,_____通过直流母线给动力蓄电池进行充电。

二、计划与决策

请根据任务要求,确定所需要的仪器、工具,并对小组成员进行合理分工,制订详细的检查流程和计划。

1. 需要的仪器、工具

119

2. 小组成员分工

3. 检查计划

三、实施
打开动力舱盖。
面对动力舱，最左侧的方形盒子是_____；
第二个方形盒子为_____；
第三个方形盒子为_____；
第四个方形盒子为_____；
其中_____和_____有散热片。
车辆前面车标下，是_____。
打开传统燃油车的加油口位置，是_____；
车辆行驶时，高压电从_____经动力母线输出到_____，将电能分配给_____，电机控制器驱动电机工作从而使车辆行驶。
空调系统制冷时，高压控制盒经线束将高压电分配给_____，从而驱动空调系统工作。
空调系统暖风工作时，高压控制盒经线束将高压电分配给_____，从而使空调暖风系统工作。
当低压蓄电池需要充电时，_____经线束将高压电分配给_____，将动力蓄电池电压转换为____V左右，给低压蓄电池进行充电。
当对动力蓄电池进行慢充充电时，电流通过_____经交流充电线进入车载充电机。车载充电机将其转化为_____电后进入高压控制盒，通过高压控制盒给_____进行充电。
当对动力蓄电池进行快速充电时，电流通过_____经直流充电线进入高压控制盒，高压控制盒内部继电器吸合，通过_____给动力蓄电池进行充电。

四、认知结论
1. 电能来自_____；
2. 你能看到的用电设备有_____；
3. 看到的用电设备中，使用高压电的有_____。

五、评估
1. 请根据自己任务完成的情况，对自己的工作进行自我评估，并提出改进意见。
1) _____
2) _____
3) _____
2. 工单成绩（总分为自我评价、组长评价和教师评价得分值的平均值）

自我评价	组长评价	教师评价	总分

学习单元 3.3　车载充电机的检测与修复

小王在某新能源汽车 4S 店工作，今天接了一辆故障车，经检查需更换车载充电机，你知道如何进行安全、规范的操作吗？

1. 能通过与客户交流、查阅相关维修技术资料等方式获取车辆信息；
2. 能根据故障现象制订正确的维修计划；
3. 能正确选择维修设备对车载充电机进行更换；
4. 能按照正确操作规范进行车载充电机的更换；
5. 能根据环保要求，正确处理对环境和人体有害的废料和损坏的零部件。

充电机主要应用给电动汽车上的动力蓄电池充电，按是否安装在车上，充电机可分为车载式（随车型）和固定式。固定式充电机一般为固定在充电站内的大型充电机，主要以大功率和快速充电为主。而车载充电机安装在车辆内部，其优势就是可以在车库、路边或者住宅等任何有交流电源供电的地方随时充电，功率相对较小。

3.3.1　车载充电机的工作原理

目前，绝大多数的车载充电机都采用智能化的工作方式给动力蓄电池充电，这直接关系着动力蓄电池的寿命和充放电过程中的安全性。

车载充电机是指固定安装在电动汽车上的充电机，能将外部输入的交流电转化为直流电输送给高压控制盒从而能够为动力蓄电池充电，依据电池管理系统（BMS）提供的数据，能动态调节充电电流或电压参数，执行相应的动作，为电动汽车动力蓄电池安全、自动充满电，其工作过程中需要协调交流充电桩和 BMS 等部件。

车载充电机能量转化效率高，体积小，耐受恶劣工作环境能力强。对于北汽 EV160 车载充电机，在车上的安装位置如图 3-3-1 所示。

北汽 EV160 车载充电机输入电压为 220V，输出电压为 240~410V，效率在满载时能够大于 90%，工作过程中有较多热量产生，因此在外壳上安装散热片加强散热。

当车载充电机接上交流电后，并不是立刻将电能输出给电池，而是通过 BMS 电池管理系统首先对电池的状态进行采集、分析和判断，进而调整充电机的充电参数。

图 3-3-1　北汽 EV160 车载充电机安装位置

车载充电机的工作流程如图 3-3-2 所示。充电时，首先连接交流充电桩给车载充电机供给交流电，在充电前低压唤醒整车控制系统，整车控制系统给电池管理系统信号去检测电源系统的充电需求，然后进入图 3-3-2 的充电流程，BMS 先对电池电压进行检测，当检测电池深度放电等原因出现电压过低时，电池管理系统给车载充电机发送工作指令并闭合充电继电器。此时，车载充电机开始工作，进行充电。先要用小电流对其进行修复性充电；若检测电池电压在正常范围内，则可跳过涓充这一步，直接进入恒流充电模式。当电池管理系统检测电源系统充电完成后，给车载充电机发送停止指令，车载充电机接收该指令后停止工作，此时断开充电继电器。

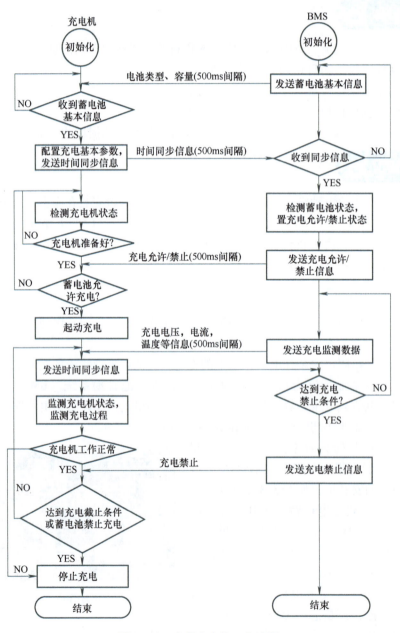

图 3-3-2　车载充电机工作流程

车载充电机和 BMS 电池管理系统，均采用 CAN 总线通信方式，目前市场应用较多的为 CAN2.0 的协议。车载充电机除具备通信功能之外，还具备故障报警等机制。

3.3.2 车载充电机的结构

北汽 EV160 车载充电机外部接口如图 3-3-3 所示，可以看出该车载充电机有多个接口、众多散热片、指示灯等。

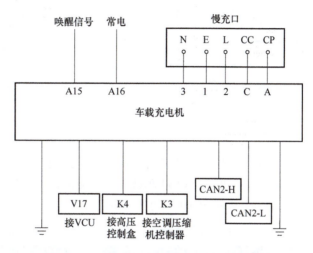

图 3-3-3 北汽 EV160 车载充电机基本构造

其各个接口用途如图 3-3-4 所示。

由图 3-3-4 可以看出，北汽 EV160 车载充电机对外接口主要有 3 个：低压通信端、直流输出端和交流输入端。

（1）低压通信端 低压通信端接口的主要作用是通过总线和电池管理系统等进行通信、互锁输入输出、12V 低压供电、接地等端子。北汽 EV160 车载充电机低压通信端如图 3-3-5 所示。

图 3-3-4 北汽 EV160 车载充电机接口

图 3-3-5 北汽 EV160 车载充电机低压通信端

图 3-3-5 中，低压通信端各个端子的作用见表 3-3-1。

123

表 3-3-1　北汽 EV160 车载充电机低压通信端各端子的作用

编　号	名　　称
1	新能源 CAN-L
2	新能源 CAN-GND
5	互锁输出（到高压、低压插件）
8	GND
9	新能源 CAN-H
11	CC 信号输出
13	互锁输入（到空调压缩机低压插件）
15	12V + OUT
16	12V-IN

（2）交流输入端　交流输入端接口的主要作用是通过充电电缆连接交流充电桩，使外部的电能输入电动汽车充电系统。北汽 EV160 车载充电机交流输入端如图 3-3-6 所示。

图 3-3-6 中，交流输入端各个端子的作用见表 3-3-2。

表 3-3-2　北汽 EV160 车载充电机交流输入端各端子的作用

编　号	名　　称
1	L（交流电源）
2	N（交流电源）
3	PE（打铁）
4	空
5	CC（充电连接确认）
6	CP（控制确认线）

（3）直流输出端　直流输出端接口的主要作用是通过高压电缆连接高压控制盒。北汽 EV160 车载充电机直流输出端如图 3-3-7 所示。

图 3-3-6　北汽 EV160 车载充电机交流输入端

图 3-3-7　北汽 EV160 车载充电机直流输出端

图 3-3-8 中，交流输入端各个端子的作用见表 3-3-3。

表 3-3-3　北汽 EV160 车载充电机直流输出端各端子的作用

编　号	名　称
A	电源负极
B	电源正极

3.3.3　车载充电机的工作原理

电动汽车充电机的主电路按其工作原理、工作方式的不同，可以有多种电路结构原理，下面介绍电动汽车高频开关电源充电机的工作原理及组成。

1. 整流电路

整流电路由交流整流滤波、DC/DC 变换（高频变换）器等元器件组成，其作用是从单相或三相交流电网取得交流电，并将其转换为符合要求的直流电。

2. 调整电路

调整控制电路采用 PWM 脉宽调制电路，包括输出采样、信号放大、控制调节、基准比较等单元，其作用是对输出电压进行检测和取样，并与基准定值进行比较，从而控制高频开关功率管的开关时间比例，达到调节输出电压的目的。

3. 功率因数校正网络

功率因数校正网络是充电机的重要组成部件，其功能是通过控制过程，使输入电流波形跟踪正弦基波电流，且相位与输入电压同相，以保持输出电压稳定和功率因数接近于 1.0。

4. 辅助电路

辅助电路包括手动调整、稳压电源、保护信号、事故报警以及通信接口电路等。

5. 充电机控制管理单元（CPU）

控制管理单元（CPU）为充电机的顶层控制系统。电动汽车充电机在充电操作时，控制管理单元接收人工输入或其他设备的控制指令，控制驱动脉动生成系统的起动与停止，从而控制充电机的起动与停机，并可将充电机的运行数据进行显示或传输给上层监控计算机。

3.3.4　比亚迪 E5 充电系统

比亚迪 E5 充电系统如图 3-3-8 所示

比亚迪 E5 电动车有两种充电方式：直流充电和交流充电。

交流充电主要是通过交流充电桩、壁挂式充电盒以及家用供电插座接入交流充电口，通过高压电控总成将交流电转为 650V 的直流高压电给动力蓄电池充电。

直流充电主要是通过充电站的充电柜将直流高压电直接通过直流充电口给动力蓄电池充电。

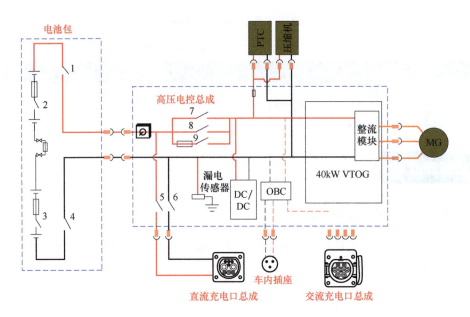

图 3-3-8 比亚迪 E5 充电系统示意图

1—正极接触器 2—电池包分压接触器 1 3—电池包分压接触器 2 4—负极接触器 1 5—直流充电正极接触器
6—直流充电负极接触器 7—主接触器 8—交流充电接触器 9—预充接触器

充电系统主要组成部分包括：交流充电口、直流充电口、高压电控总成、动力蓄电池包、电池管理器。

 实践技能

3.3.5 车载充电机的正确使用

1）将充电机的输入线与供电系统相连接。

2）再将输出端与蓄电池的充电母线相连接，注意正负极。

3）确认供电系统供电是否满足本产品输入电的参数，然后闭合交流供电电源。

4）当充电机收到 BMS 开机指令时开始工作，面板指示灯的工作灯和电源灯会亮。这时充电机的输出电压和电流为 BMS 设置的电压、电流值。

5）充电机工作的参数是通过 CAN 通信线 BMS 设定的。电源的参数监控是通过 CAN 总线与系统内部的控制器相连接，能将电源工作时的参数上报给系统，作为系统监视充电机运行的依据。

3.3.6 车载充电机故障检查

首先连接交流充电桩，进行正常充电，查看指示灯是否正常；各指示灯的位置如图 3-3-9 所示，各个灯的含义见表 3-3-4。

图 3-3-9 北汽 EV160 车载充电机指示灯

表 3-3-4　车载充电机指示灯含义

名　　称	作　　用
Power 灯	电源指示灯，当接通交流电后，电源指示灯亮起
Charge 灯	当充电机接通电池进入充电状态后，充电指示灯亮起
Error 灯	报警指示灯，当充电机内部有故障时亮起

当充电正常时，Power 灯和 Charge 灯亮起；当起动半分钟后仍只有 Power 灯亮时，有可能为电池没有正常充电或已经充满电；当 Error 灯点亮时，则说明充电系统出现异常；当充电灯都不亮时，检查充电桩以及充电线束及插接件。具体故障和解决方法见表 3-3-5。

表 3-3-5　具体故障和解决方法

故障描述	解决方法
不充电，电池灯不亮	检查高压充电线是否与充电机直流输出连接完好，确认电池的接触器已经闭合
不充电，警告灯闪	确认输入电压为 170~263VAC，输入电缆的截面积在 $2.5mm^2$ 以上
不充电，警告灯闪，且风扇不转	过热警告，请清理风扇的灰尘

3.3.7　车载充电机的更换

1. 准备工作

安装三件套、翼子板布和格栅布，如图 3-3-10 所示。

2. 下电操作

按照规范流程进行下电操作。

3. 车载充电机的拆卸

1）拔下车载充电机低压线束、两个高压线束，如图 3-3-11 所示。

图 3-3-10　准备工作

图 3-3-11　拔下线束

2）拆卸 4 个固定螺栓，如图 3-3-12 所示。

3）取下车载充电机，如图 3-3-13 所示。

经过以上操作，即可将充电机拆下。

4. 更换新的车载充电机

1）将车载充电机安装到位后，安装 4 个固定螺栓；

2）安装车载充电机的两个高压线束、低压线束；

图 3-3-12 拆卸 4 个固定螺栓

图 3-3-13 取下车载充电机

5. 更换后的检查

更换完成后需要进行安全检查和慢充测试。

1）安全检查：检查各部件机械安装牢固性；检查各线缆所连接电源的极性及其连接正确性；检查各电气插接器连接是否到位，相应的卡口或锁紧螺钉是否卡紧或拧紧；检查各高、低压部件的绝缘性等。

2）进行慢充测试，仪表显示慢充正常，如图 3-3-14 所示。

图 3-3-14 慢充测试仪表显示正常

3）车载充电机充电指示灯显示正常。

4）拔下充电枪并整理。

5）取下格栅布、翼子板布，关闭机舱盖；取下三件套。

完成车载充电机的更换。

 单元小结

1. 车载充电机是指固定安装在电动汽车上的充电机，能将外部输入的交流电转化为直流电输送给高压控制盒从而能够为动力蓄电池充电，依据电池管理系统（BMS）提供的数据，能动态调节充电电流或电压参数，执行相应的动作，为电动汽车动力蓄电池安全、自动充满电，其工作过程中需要协调交流充电桩和 BMS 等部件。

2. 北汽 EV160 车载充电机对外接口主要有 3 个：低压通信端、直流输出端和交流输入端。

任务工单3.3

任务名称	车载充电机的检测与修复	学时	4	班级	
学生姓名		学生学号		任务成绩	
实训设备、工具及仪器	北汽EV160整车4台，组合工具4套。	实训场地	一体化教室	日期	
客户任务描述	小王在某新能源汽车4S店工作，今天接了一辆故障车，经检查需更换车载充电机。				
任务目的	请根据任务要求制订工作计划，安全、规范地对新能源汽车进行车载充电机更换。				

一、资讯

1. 充电机主要应用给电动汽车上的_____充电，按是否安装在车上，充电机可分为车载式（随车型）和_____式。固定式充电机一般为固定在充电站内的大型充电机，主要以大功率和快速充电为主。而_____安装在车辆内部，其优势就是可以在车库、路边或者住宅等任何有交流电源供电的地方随时充电，功率相对较_____。

2. _____是指固定安装在电动汽车上的充电机，能将外部输入的_____转化为直流电输送给_____从而能够为动力蓄电池充电，依据_____提供的数据，能动态调节充电电流或_____，执行相应的动作，为电动汽车动力蓄电池安全、自动充满电，其工作过程中需要协调_____和_____等部件。

3. 北汽EV160车载充电机输入电压为_____V，输出电压为_____~_____V，效率在满载时能够大于_____%，工作过程中有较多热量产生。

4. 车载充电机和BMS电池管理系统，均采用_____通信方式，目前市场应用较多的为CAN 2.0的协议。车载充电机除具备_____功能之外，还具备故障报警等机制。

5. 北汽EV200车载充电机对外接口主要有3个：_____、_____和_____。

6. 交流输入端接口的主要作用是通过_____连接_____，使外部的电能输入电动汽车充电系统。

7. 充电时，首先连接_____，给_____供给交流电，在充电前低压唤醒整车控制系统，整车控制系统给_____信号去检测电源系统的充电需求，BMS先对电池电压进行检测，当检测电池深度放电等原因出现_____过低时，电池管理系统给_____发送工作指令并闭合_____，此时，车载充电机开始工作，进行_____。

8. 慢充时，先要用_____对其进行修复性充电；若检测电池电压在正常范围内，则可跳过涓充这一步，直接进入_____充电模式。当电池管理系统检测电源系统充电完成后，给车载充电机发送停止指令，车载充电机接受该指令后停止工作，此时断开_____。

9. 填写针脚定义。

1：_____；
2：_____；
3：_____；
4：_____；
5：_____；
6：_____。

二、计划与决策

请根据任务要求，确定所需要的仪器、工具，并对小组成员进行合理分工，制订详细的更换流程和计划。

1. 需要的仪器、工具

2. 小组成员分工

3. 更换计划

三、实施

1. 准备工作

   安装_____、_____和格栅布。

2. 下电操作

   按照规范流程进行_____；

3. 车载充电机的拆卸

   1）拔下车载充电机_____、两个_____；
   2）拆卸4个_____；
   3）取下_____。

   经过以上操作，即可将充电机拆下。

4. 更换新的车载充电机

   1）将车载充电机安装到位后，安装4个_____；
   2）安装车载充电机的两个_____、_____。

5. 更换后的检查

   更换完成后需要进行安全检查，检查内容如下：各部件机械安装_____性；各线缆所连接电源的_____性及其连接正确性；各电气插接器连接是否到位，相应的卡口或锁紧螺钉是否卡紧或拧紧；各高、低压部件的绝缘性等。

   1）进行慢充测试，仪表显示慢充_____；
   2）车载充电机充电指示灯显示_____；
   3）拔下充电枪并整理；
   4）取下格栅布、翼子板布，关闭机舱盖；取下三件套。

   完成车载充电机的更换。

   通过上述过程，请总结更换过程中需要注意的事项：

   1）_____
   2）_____
   3）_____

四、检查

更换完成后，起动开关置于 ON 位，并进行如下检查：

1）进行慢充测试，仪表显示慢充_____；

2）车载充电机充电指示灯显示_____。

五、评估

1. 请根据自己任务完成的情况，对自己的工作进行自我评估，并提出改进意见。

1）_____

_____

2）_____

_____

3）_____

_____

2. 工单成绩（总分为自我评价、组长评价和教师评价得分值的平均值）

自我评价	组长评价	教师评价	总分

 学习单元 3.4　DC/DC 变换器的更换

任务导入

小王在某新能源汽车 4S 店工作,今天接了一辆车,师傅检查后告知小王需要更换 DC/DC 变换器,你知道如何安全、规范地进行 DC/DC 变换器的更换吗?

**学习目标**

1. 能通过与客户交流、查阅相关维修技术资料等方式获取车辆信息;
2. 能根据故障现象制订正确的维修计划;
3. 能正确选择诊断设备对 DC/DC 变换器进行诊断;
4. 能按照正确操作规范进行 DC/DC 变换器的更换;
5. 能根据环保要求,正确处理对环境和人体有害的废料和损坏的零部件。

**理论知识**

3.4.1　DC/DC 变换器的功用

传统内燃机汽车上的电源系统由蓄电池和发电机组成,发电机由曲轴通过带轮带动其转动进行发电。发电机正常工作时可以给蓄电池进行充电。纯电动汽车没有内燃机,不能用发电机给低压蓄电池供电。同时,纯电动汽车上的信号系统、照明系统、电动车窗、电动刮水器等依然沿用了低压蓄电池 12V 的供电模式。因此,蓄电池需要单独的系统进行充电。

纯电动汽车上至少带有两个电池,一个是作为全车能量输出的动力蓄电池,北汽 EV160 动力蓄电池电压为 320V 左右,一个是给低压系统供电的蓄电池,电压为 12V 左右。DC/DC 变换器(DC/DC Converter)的作用就是将动力蓄电池中的部分电能输出给低压蓄电池进行充电和供给低压用电设备使用。DC/DC 变换器的作用如图 3-4-1 所示。

图 3-4-1 可以看出,这种变换是由高压直流电(320V 左右)转变为低压直流电(13.8V),因此称为直流—直流变换(DC/DC),在电动汽车上实现这种变换功能的称为直流转直流变换器,简称为 DC/DC 变换器,北汽 EV160 的 DC/DC 变换器如图 3-4-2 所示。

图 3-4-1　DC/DC 变换器的作用

DC/DC 变换器的输入是一个已经经过滤波之后的直流电压,在 EV160 上为动力蓄电池,其电压为 320V 左右,变换器的输出是另一种电压的直流,在 EV160 上设计为 13.8V,以便于给低压蓄电池充电和供给用电设备使用。因此,DC/DC 变换器相当于传统车的发电机,将动力蓄电池的高压电转为低压电给蓄电池及低压系统供电。它具有效率高、体积小、耐受

恶劣工作环境等特点。

具体来说，DC/DC变换器的作用有：

1）隔离：实现噪声隔离（模拟电路与数字电路隔离、强弱信号隔离）、安全隔离和姐弟环路消除；

2）电压变换：包括升压变换/降压变换/交直流转换（AC/DC、DC/AC)/极性变换（正负极性转换、单电源与正负电源转换、单电源与多电源转换）；

3）保护：短路保护、过压保护、欠压保护、过流保护、其他保护；

4）稳压：交流市电供电/远程直流供电/分布式电源供电系统/电池供电。

图 3-4-2　北汽 EV160DC/DC 变换器

3.4.2　DC/DC 变换器的工作原理

纯电动汽车中的车身电器大多数采用了 12V 供电，因此需要动力蓄电池将 320V 高压转化为 13.8V 低压对车身电器供电，并对蓄电池进行充电。

DC/DC 变换器是将原直流电通过调整其 PWM（占空比）来控制输出的有效电压的大小，如图 3-4-3 所示。

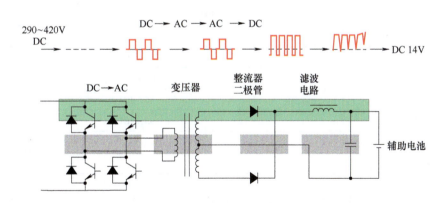

图 3-4-3　DC/DC 变换器工作原理

DC/DC 变换器采用半桥电路拓扑，功率器件少，控制简单，可靠性高。它采用 MOSFET 和 IGBT 并联技术，充分利用了 MOSFET 开关速度快和 IGBT 导通压降低的优点。MOSFET/IGBT 并联组合开关电路如图 3-4-4 所示。

在电路上采取措施，使得 MOSFET 的关断时间比 IGBT 延迟一定的时间，大大减小了 IGBT 的电流拖尾，降低了开关通态损耗，提高了效率和可靠性，使得半桥电路的输出功率可以实现较大功率。其输出侧采用的整流方式有半波整流、中心抽头全波整流及全桥整流。

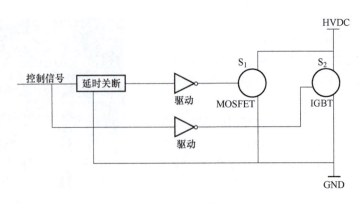

图 3-4-4　MOSFET/IGBT 并联组合开关电路

3.4.3　北汽 EV160 的 DC/DC 变换器

北汽 EV160 的 DC/DC 变换器的基本参数见表 3-4-1。

表 3-4-1　北汽 EV160 的 DC/DC 变换器的基本参数

项　　目	技术要求		备　　注
工作效率	≥88%		额定输入、满载
隔离耐压	输入—输出	2000VDC/min	漏电流≤5mA
	输入—机壳	2000VDC/min	
	输出—机壳	500VDC/min	
输入—输出—机壳	500MΩ		
工作温度	-20~65℃		
储存温度	-30~75℃		
工作湿度	5%~85%RH		
储存湿度	5%~95%RH		
冷却方式	自然冷		
防护等级	IP67		

DC/DC 变换器的工作条件：高压输入范围为 DC 290~420V，低压使能输入范围为 DC 9~14V。

北汽 EV160 的 DC/DC 变换器前端有 4 个接口，各个接口的定义如图 3-4-5 所示。

可以看出，自上而下，4 个接口分别为：低压输出负极、低压输出正极、低压控制端和高压输入端。其中 DC/DC 变换器低压输出负极和低压输出正极直接连接铅酸蓄电池的负极和正极，并且在正极附近安装有限流 150A 的熔丝，如图 3-4-6 所示。

北汽 EV160 的 DC/DC 变换器的高压输入端和低压控制端的引脚如图 3-4-7 所示。

各个针脚的定义如下：

1）高压输入端：

A 端子：电源负极，通过高压控制盒接动力蓄电池负极；

图 3-4-5　北汽 EV160 的 DC/DC 变换器接口　　图 3-4-6　DC/DC 变换器和蓄电池连接的熔丝

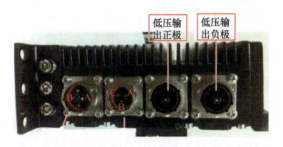

图 3-4-7　北汽 EV160 的 DC/DC 变换器的低压控制端和高压输入端的标号

B 端：电源正极，通过高压控制盒接动力蓄电池正极。

高压输入端中间还有高压互锁端子，用于检测高压安全。

2）低压控制端

A 端：控制电路电源正兼使能（直流 12V 起动，0～1V 关机）；

B 端：电源状态信号输出（故障线，当该线路为 12V 高电平时表明有故障出现，当该线路为低电平时，线路正常）；

C 端：控制电路的电源，12V。

3）北汽 EV160 的 DC/DC 变换器工作流程

首先，将起动开关打到 ON 位置，全车上电或充电唤醒上电，然后动力蓄电池完成高压系统预充电流程后，DC/DC 变换器开始工作。当其开始工作后，作为汽车电气系统的主电源对大部分电气系统进行供电。

3.4.4　DC/DC 变换器的分类和使用条件

1. DC/DC 变换器的分类

电动汽车和混合动力汽车中 DC/DC 变换器有 3 种：DC/DC（降压）、DC/DC（升压）和 DC/DC（升压/降压）。电动汽车和混合动力汽车中主要有 3 个地方用到大功率 DC/DC 变换器：用于电力传动的升压变换器；用于给 12V 电子电路供电的降压变换器；用于电池均衡储能的变换器。新能源汽车中的 12V 电子电路主要由降压隔离式 DC/DC 变换器供电。

根据是否使用隔离变压器，DC/DC 变换器可分为隔离式 DC/DC 变换器和非隔离式 DC/DC 变换器。非隔离式 DC/DC 变换器一般都有一个开关和一个二极管，有的可能还会有一个电感和一个电容等储能元件。在许多应用场合，包括在电动汽车和混合动力汽车中需要实现输入和输出的电气隔离。隔离式 DC/DC 变换器就是这样一种有高频隔离变压器的基本拓扑结构。

2. 工作条件

DC/DC 变换器的工作环境温度为 -20~60℃，储存温度为 -30~70℃。相对湿度为 5%~95%（不结露）。产品应进行盐雾试验。试验后，产品的电气性能参数应符合产品标准的规定。产品的安装细节、试验后的恢复条件和其他判定要求应在产品标准中规定。DC/DC 变换器的耐振性应满足 QC/T 413—2002 中 3.12 的要求。DC/DC 变换器按照规定方法试验后，不发生明显的塑性变形。DC/DC 变换器的产品防护等级应符合 GB 4208—2008 中 IP55 要求。DC/DC 变换器及其冷却系统的工作噪声应不大于 70dBA。DC/DC 变换器中带电电路与地（外壳）之间的绝缘电阻，在环境温度为 23±2℃ 和相对湿度为 80%~90% 时，不小于 500Ω/V。接线端子对地（外壳）和彼此无电连接的电路之间的介电强度，应能耐受 2000V（DC）（或额定电压 +1500V）的试验电压 1min。在规定的环境条件、额定电压和连续工作情况下，DC/DC 变换器达到稳定温升后可输出的最大功率应大于或等于铭牌中标出的额定功率值。DC/DC 变换器的过载输出功率不小于其额定功率的 1.2 倍。在额定负载或按照设定的循环工况运行条件下，DC/DC 变换器无故障工作时间应不小于 3000h。对于恒流输出特性的 DC/DC 变换器在额定输出电流下的相对误差不大于 2%。对于恒压输出特性的 DC/DC 变换器在额定输出电压下的相对误差不大于 1%。变换器外表面应平整，无明显的划伤、变形等缺陷；表面涂镀层应均匀。铭牌、标志安装端正牢固，字迹清晰。零部件紧固可靠，无锈蚀、毛刺、裂纹等缺陷和损伤。

3.4.5 DC/DC 变换器的分级和型号命名

（1）电压等级　DC/DC 变换器的输入/输出电压值可按照 12V 的整数倍划分，例如 12V、24V、36V、48V……。

（2）型号命名　DC/DC 变换器的型号命名如图 3-4-8 所示。

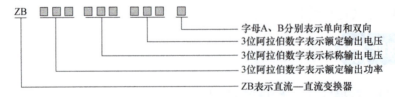

图 3-4-8　DC/DC 变换器的型号命名

DC/DC 变换器的型号命名最开始为 ZB 两个字母，代表直流—直流变换器，后 3 位用阿拉伯数字表示额定输出功率，再后面 3 位用阿拉伯数字表示标称输入电压，再后面 3 位表示额定输出电压，最后用 A、B 分别代表单向和双向。

3.4.6 DC/DC 变换器的检查

1. DC/DC 变换器输出电压检测

检测方法：

1）将车钥匙置于 OFF 位置，断开所有用电器并拔出钥匙；

2）按压低压蓄电池锁压件，打开盖板并裸露出低压蓄电池正极，如图 3-4-9 所示。

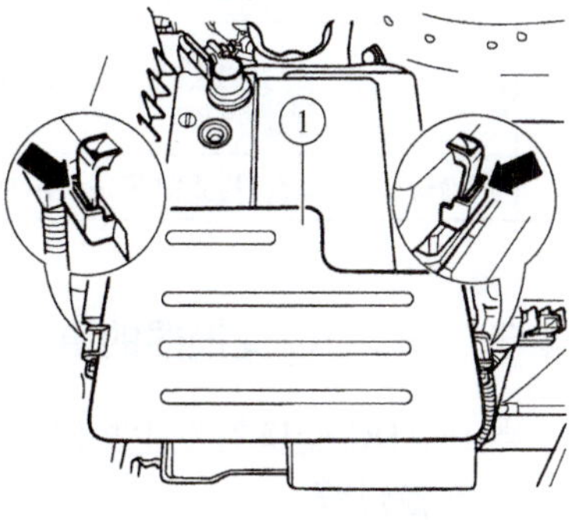

此时要注意警告说明和安全规程，为了避免电池或车辆受到损坏，要注意蓄电池类型的提示说明。

图 3-4-9　拆开蓄电池盖板并裸露出低压蓄电池正极

3）使用专用万用表电压档位测量低压蓄电池的电压（并记录此电压值）。

4）将车钥匙置于 ON 位置。

5）使用专用万用表电压档位测量低压蓄电池的电压，这时所测的这个电压值是 DC/DC 变换器输出的电压。

检测结果：DC/DC 变换器正常输出电压为 13.8～14V（关闭车上的用电设备的情况下）。

所测值如低于规定值时可能有以下几点原因：车上用电设备未关闭；专用工具万用表测量值有误差；DC/DC 变换器故障。

2. 故障位置的检查

1）检查插接器是否正常连接；

2）检查高压熔断器是否熔断；

3）检查使能信号是否给出。

3. 故障检查流程

DC/DC 变换器故障的流程见表 3-4-2。

表 3-4-2　DC/DC 变换器故障检查流程

序号	检查步骤	检查结果		操作方法
		正常	有故障	
0	初步检查			
	检查熔丝是否熔断	进行第 1 步	熔丝熔断	更换熔丝
1	检查熔断器	正常	有故障	操作方法
	检查熔断器是否熔断	进行第 2 步	熔断器熔断	更换熔断器
2	检查控制器（VCU）	正常	有故障	操作方法
	检查控制器（VCU）是否损坏	进行第 4 步	控制器（VCU）损坏	更换控制器（VCU）
3	检查 DC/DC 变换器电路	正常	有故障	操作方法
	检查 DC/DC 变换器供电正常	进行第 5 步	DC/DC 变换器短路断路	维修供电线路

(续)

序号	检查步骤	检查结果		
4	检查 DC/DC 变换器	正常	有故障	操作方法
	检查 DC/DC 变换器是否损坏	进行第 6 步	DC/DC 变换器是否损坏	更换 DC/DC 变换器
5	检查操作	正常	有故障	操作方法
	正确检修操作后,检查故障是否出现	诊断结束	故障未消失	从其他症状查找故障原因

3.4.7 DC/DC 变换器的更换

当 DC/DC 变换器发生故障后,需要进行更换,具体更换流程如下:

1. 准备过程

安装三件套;打开机舱盖,安装翼子板布、格栅布。

2. 下电操作

按照规范流程进行下电操作;

3. 拆卸流程:

1) 拔下线束:依次拔下 3 个低压线束、高压线束,如图 3-4-10 所示。
2) 拆卸 4 个固定螺栓,如图 3-4-11 所示。

图 3-4-10 拔下低压、高压线束

图 3-4-11 拆卸 4 个固定螺栓

3) 取下 DC/DC 变换器,如图 3-4-12 所示。

完成 DC/DC 变换器的拆卸过程。

4. 更换新的 DC/DC 变换器

将 DC/DC 变换器安装到位后,安装 4 个固定螺栓;

安装高压线束和 3 个低压线束;如图 3-4-13 所示。按规定进行上电操作。

图 3-4-12 取下 DC/DC 变换器

图 3-4-13 安装线束

5. 安装后的检查

1）测量蓄电池电压，电压应低于 14V。

2）起动开关置于 ON 位置，用万用表再次测量低压蓄电池正负极电压，如图 3-4-14 所示。

电压测量值应为 14V 左右，DC/DC 变换器工作正常。

取下格栅布、翼子板布和取下三件套。

完成 DC/DC 变换器的更换。

图 3-4-14　测量蓄电池电压

1. DC/DC 变换器的作用就是将动力蓄电池中的部分电能输出给低压蓄电池进行充电和供给低压用电设备使用。

2. DC/DC 变换器相当于传统车的发电机，将动力蓄电池的高压电转为低压电给蓄电池及低压系统供电。

3. 可以看出，DC/DC 变换器的工作条件：高压输入范围为 DC 290～420V，低压使能输入范围为 DC 9～14V。北汽 EV160 的 DC/DC 变换器前端有 4 个接口。4 个接口分别为：低压输出负极、低压输出正极、低压控制端和高压输入端。

任务工单 3.4

任务名称	DC/DC 变换器的更换		学时	4	班级	
学生姓名			学生学号		任务成绩	
实训设备、工具及仪器	北汽 EV160 整车 4 台,组合工具 4 套,万用表 4 个。		实训场地	一体化教室	日期	
客户任务描述	小王在某新能源汽车 4S 店工作,今天接了一辆车,师傅检查后告知小王需要更换 DC/DC 变换器。					
任务目的	请根据任务要求制订工作计划,安全、规范地对新能源汽车进行 DC/DC 变换器的更换。					

一、资讯

1. 纯电动汽车上至少带有_____个电池,一个是作为全车能量输出的_____,北汽 EV160 动力蓄电池电压为_____V 左右,一个是给低压系统供电的_____,电压为_____V 左右。
2. DC/DC 变换器的输入是一个已经经过滤波之后的_____电压,在 EV160 上为动力蓄电池,其电压为_____V 左右,变换器的输出是另一种电压的直流,在 EV160 上设计为_____V,以便于给低压蓄电池充电和供给用电设备使用。
3. DC/DC 变换器是将原直流电通过调整其_____来控制输出的有效电压的大小。
4. DC/DC 变换器的工作条件:高压输入范围为 DC _____V,低压使能输入范围为 DC _____V。
5. 北汽 EV160 的 DC/DC 变换器自上而下,4 个接口分别为:_____、_____、低压控制端和_____。
6. DC/DC 变换器低压输出_____和低压输出正极直接连接铅酸蓄电池的_____和正极,并且在正极附近安装有限流_____A 的熔丝。
7. 北汽 EV160 的 DC/DC 变换器工作流程:首先,将钥匙开关打到_____位置,全车_____或充电唤醒上电,然后动力蓄电池完成高压系统_____流程后,_____发给 DC/DC 变换器使能信号后,DC/DC 变换器开始工作。当其开始工作后,作为汽车电气系统的主电源对大部分电气系统进行供电。
8. 填写下表

左侧第一个接口为:_____
左侧第二个接口为:_____
左侧第一个接口:
A:_____
B:_____
左侧第二个接口:
A:_____
B:_____
C:_____

二、计划与决策

请根据任务要求,确定所需要的仪器、工具,并对小组成员进行合理分工,制订详细的更换流程和计划。

1. 需要的仪器、工具

2. 小组成员分工

3. 更换计划

三、实施

当 DC/DC 变换器发生故障后，需要进行更换，具体更换流程如下：
1. 准备过程
安装_____；打开机舱盖，安装翼子板布、_____
2. 下电操作
按照规范流程进行_____；
3. 拆卸流程
1）拔下线束：依次拔下 3 个_____线束、_____线束；
2）拆卸 4 个_____；
3）取下 DC/DC 变换器；
完成 DC/DC 变换器的拆卸过程。
4. 更换新的 DC/DC 变换器
将 DC/DC 变换器安装到位后，安装 4 个_____；
安装_____线束和 3 个_____线束；
按规定进行上电操作。
5. 安装后的检查
1）测量蓄电池电压，电压应低于_____V。
2）起动开关置_____，用万用表再次测量低压蓄电池正负极电压，电压测量值应为_____V 左右，DC/DC 变换器工作正常。
取下格栅布、翼子板布和取下三件套。
完成 DC/DC 变换器的更换。

通过上述过程，请总结更换过程中需要注意的事项：

1) _____

2) _____

3) _____

四、检查

更换 DC/DC 变换器后，进行如下检查

起动开关关闭，蓄电池电压为：_____；

打开起动开关，蓄电池电压为：_____；

说明 DC/DC 变换器工作情况 _____。

五、评估

1. 请根据自己任务完成的情况，对自己的工作进行自我评估，并提出改进意见。

1) _____
_____

2) _____
_____

3) _____

2. 工单成绩（总分为自我评价、组长评价和教师评价得分值的平均值）

自我评价	组长评价	教师评价	总分

学习单元 3.5　高压控制盒的检测与修复

任务导入

小王在某新能源汽车4S店工作，今天接了一辆故障车，经检查需更换高压控制盒，你知道如何安全、规范地进行高压控制盒的更换吗？

学习目标

1. 能通过与客户交流、查阅相关维修技术资料等方式获取车辆信息；
2. 能根据维修要求制订正确的维修计划；
3. 能正确选择维修设备对高压控制盒进行更换；
4. 能按照正确操作规范进行高压控制盒的更换；
5. 能根据环保要求，正确处理对环境和人体有害的废料和损坏的零部件。

理论知识

3.5.1　高压控制盒的作用

纯电动汽车高压控制盒也称为高压配电盒或高压配电箱，是新能源电动汽车、插电式混合动力汽车的高压电大电流分配单元。

电动汽车在大功率下运行时，电压高、电流大，因此对于高压配电系统和高压零部件的要求较高，为了便于管理，广泛采用了集中式高压电气系统架构进行配电，高压动力电源直接进入高压控制盒后根据系统的需要分配到系统高压部件，对保证高压系统及其各个电气设备的安全性、系统绝缘、电磁干扰及屏蔽等都有重要的作用。北汽 EV160 上的高压控制盒如图 3-5-1 所示。

图 3-5-1　北汽 EV160 高压控制盒

采用高压控制盒可以使高压电系统结构设计紧凑，接线布局合理方便，检修快捷便利，甚至还可以集成部分电池管理系统智能控制管理单元，从而进一步简化整车系统架构配电的复杂度。

3.5.2　高压控制盒的结构

1. 外部结构

高压控制盒的外形如图 3-5-2 所示。可以看出，高压控制盒外壳为铝合金结构，共有 5 个

143

插件接口，分别为快充插件接口、低压控制插件接口、高压附件插件接口、动力蓄电池插件接口及电机控制器插件接口。高压控制盒前部如图 3-5-3 所示，高压控制盒后部如图 3-5-4 所示。

图 3-5-2　高压控制盒外形

图 3-5-3　高压控制盒前部

可以看出，高压控制盒前部有两个插件接口，分别为快充插件接口和低压控制端插件接口。后部有 3 个插件接口，分别为：高压附件插件接口、动力蓄电池插件接口及电机控制器插件接口。

（1）快充插件接口　快充插件接口在高压控制盒前端，该接口通过快充线束连接车辆前部的快充接口。可以看出接口有 4 个引脚，如图 3-5-5 所示。

图 3-5-4　高压控制盒后部

图 3-5-5　高压控制盒前端接口

各个引脚的作用如下：
1 脚：接快充负极；
2 脚：接快充正极；
3 脚：高压互锁信号线；
4 脚：互锁信号线。

（2）低压控制端插件　低压控制端插件接口在高压控制盒前端，该接口通过低压信号线束连接车辆 VCU。可以看出接口有 12 个引脚，其各个引脚的作用如下：
1 脚：接快充继电器线圈（正极）；

2 脚：接快充负继电器线圈（控制端）；

3 脚：接快充正继电器线圈（控制端）；

4 脚：接空调继电器线圈（正极）；

5 脚：接空调继电器线圈（控制端）；

6 脚：接 PTC 控制器接地；

7 脚：接 PTC 控制器 CAN-L；

8 脚：接 PTC 控制器 CAN-H；

9 脚：接 PTC 温度传感器负极；

10 脚：接 PTC 温度传感器正极；

11 脚：空；

12 脚：空。

（3）高压附件插件接口　高压附件插件接口在高压控制盒后端，如图 3-5-6 所示。

该接口通过高压附件线束连接 DC/DC 变换器、PTC 加热器、空调压缩机、车载充电机等高压附件。各个引脚的定义如下：

A 脚：接 DC/DC 变换器电源正极；

B 脚：接 PTC 加热器电源正极；

C 脚：接压缩机电源正极；

D 脚：接 PTC-A 组负极；

E 脚：接充电机电源正极；

F 脚：接充电机电源负极；

G 脚：接 DC/DC 变换器电源负极；

H 脚：接压缩机电源负极；

J 脚：接 PTC-B 组负极；

L 脚：接互锁信号线；

K 脚：接空引脚。

（4）动力蓄电池插件接口　动力蓄电池插件接口通过高压母线连接动力蓄电池，其接口如图 3-5-7 所示。

图 3-5-6　高压附件插件接口　　图 3-5-7　动力蓄电池插件接口

该接口接动力蓄电池线束，各个引脚定义如下：

A 脚：接电源负极；

B 脚：接电源正极；

C 脚：接互锁信号线；

D 脚：接互锁信号。

（5）电机控制插件接口　电机控制器接口通过高压线束连接电机控制器，其接口如图 3-5-8 所示。

该接口接电机控制器线束，各个引脚定义如下：

A 脚：接电源负极；

B 脚：接电源正极；

C 脚：接互锁信号线；

D 脚：接互锁信号线。

图 3-5-8　电机控制器插件接口

2. 内部结构

高压控制盒内部电路如图 3-5-9 所示。

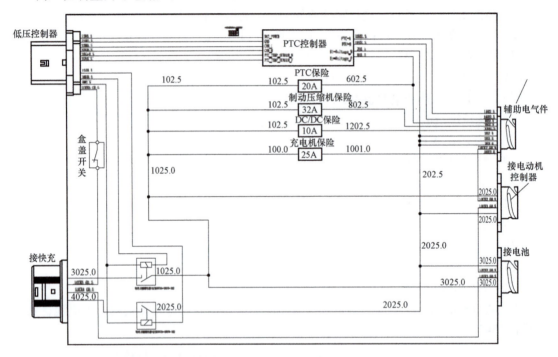

图 3-5-9　高压控制盒内部电路

从图 3-5-9 中可以看出，高压控制盒电路主要实现高压电分配。高压控制盒内部为多层结构，上层安装了 PTC 控制板和 4 个熔断器，如图 3-5-10 所示。

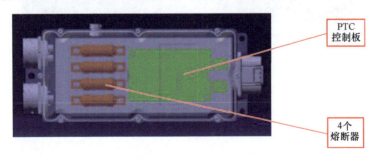

图 3-5-10　高压控制盒内部上层

图 3-5-10 中的 4 个熔断器分别为：PTC 熔断器、空调压缩机熔断器、DC/DC 变换器熔断器和车载充电机熔断器，如图 3-5-11 所示。

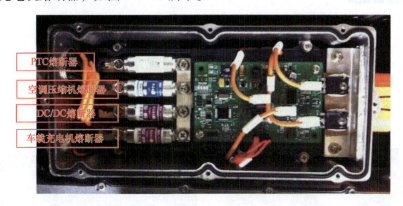

图 3-5-11　高压控制盒内部 4 个熔断器

各个熔断器的作用如下：

1）PTC 熔断器：规格为 690V—20A，允许的最高电压为 690V，最大电流为 20A，用来对空调暖风用 PTC 加热器系统进行保护，当电流超过最大电流时自动熔断。

2）空调压缩机熔断器：规格为 690V—32A，允许的最高电压为 690V，最大电流为 32A，用来对空调压缩机系统进行保护，当电流超过最大电流时自动熔断。

3）DC/DC 变换器熔断器：规格为 690V—10A，允许的最高电压为 690V，最大电流为 10A，用来对 DC/DC 变换器系统进行保护，当电流超过最大电流时自动熔断。

4）车载充电机熔断器：规格为 690V—25A，允许的最高电压为 690V，最大电流为 25A，用来对车载充电机系统进行保护，当电流超过最大电流时自动熔断。

PTC 控制板用来对空调暖风进行控制，当开启空调暖风时，VCU 通过低压控制端插件接口给高压控制盒中 PTC 控制板信号，使其对空调暖风 PTC 加热器进行控制，PTC 加热板按照 VCU 要求进行加热，从而使空调系统实现暖风。

高压控制盒下部安装了快充继电器，如图 3-5-12 所示。

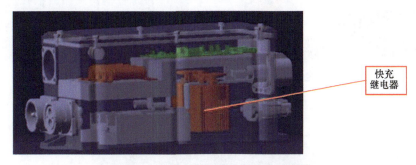

图 3-5-12　高压控制盒内部快充继电器

图 3-5-12 中的快充继电器的作用是：当车辆连接外部快充充电桩后，VCU 检测可以充电后发送信号给高压控制盒，通过高压控制盒上的低压控制端将信号传递给快充继电器，快充继电器闭合，外部直流高压电从快充充电桩流经快充充电线、快充口、高压控制盒快充插件接口、快充继电器后，经高压控制盒高压母线插件接口、高压母线，进入动力蓄电池给其充电。

3.5.3 新款 EV160 的高电压控制盒（PDU）

EV160 将车载充电机、DC/DC 变换器和高压控制盒集成到一个控制装置里面，称为高电压控制盒，缩写为 PDU，如图 3-5-13 所示。

可以看出动力控制单元集成了车载充电机、DC/DC 变换器和高压控制盒等，同时也集成了各个接口，如图 3-5-14 所示。

图 3-5-13　EV160 高电压控制盒

图 3-5-14　高电压控制盒的接口

各个接口的定义如图 3-5-15、图 3-5-16 和图 3-5-17 所示。

图 3-5-15　PDU 接口定义（1）

图 3-5-16　PDU 接口定义（2）

图 3-5-17　PDU 接口定义（3）

PDU 外部连接端名称定义见表 3-5-1。

表 3-5-1 PDU 外部链接端名称和定义

序号	名称	序号	名称
1	动力蓄电池高压输入正极	8	冷却入水管
2	动力蓄电池高压输入负极	9	冷却出水管
3	高压输出到电机控制器正极	10	连接快充高压负极
4	高压输出到电机控制器负极	11	连接快充高压正极
5	低压控制	12	连接压缩机高压插件
6	PTC 高压输出	13	接蓄电池负极（搭铁线）
7	充电机高压输入	14	接蓄电池正极（电源线）

PDU 内部连接脚定义如图 3-5-18 所示。

图 3-5-18 PDU 内部连接脚

PDU 内部连接端名称定义见表 3-5-2。

表 3-5-2 PDU 内部连接端名称定义

序号	名称	序号	名称
1	动力蓄电池高压输入正极	6	压缩机高压熔断器（32A）
2	动力蓄电池高压输入负极	7	DC/DC 变换器高压熔断器（16A）
3	高压输出到电机控制器正极	8	充电机高压熔断器（32A）
4	高压输出到电机控制器负极	9	接快充输入正极
5	PTC 高压熔断器（32A）	10	接快充输入负极

这种控制方式使得电动汽车的结构更加简单，动力舱内的空间更大，维修更加方便，散热性能好，使用寿命长；具有充电稳定、转换效率高、安全可靠、抗振动能力强等特点，并具有输出短路、输出反接、输出过欠压、输入欠压、过温等保护功能。但是高度集成的同时

也有一些问题，例如维修时更换成本太高等。

3.5.4 高压控制盒的更换

1. 准备工作

安装三件套；打开机舱盖，安装翼子板布、格栅布，如图 3-5-19 所示。

2. 下电操作

按照规范流程进行下电操作。

3. 高压控制盒的拆卸

1）拔下前部的快充高压线束、前部的低压线束、后部的 3 个高压线束，如图 3-5-20 所示。

图 3-5-19 准备工作

图 3-5-20 拔下线束

2）拆卸 3 个固定螺栓，如图 3-5-21 所示。
3）取下高压控制盒，如图 3-5-22 所示。

图 3-5-21 拆卸 3 个固定螺栓

图 3-5-22 取下高压控制盒

完成高压控制盒的拆卸。

4. 更换新的高压控制盒

1）将高压控制盒安装到位后，安装 3 个固定螺栓；

2）依次安装后部的 3 个高压线束；
3）安装前部的低压线束、前部的快充高压线束等；
4）取下格栅布、翼子板布以及三件套。
完成高压控制盒的更换。

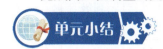

1. 纯电动汽车高压控制盒也称为高压配电盒或高压配电箱，是新能源电动汽车、插电式混合动力汽车的高压电大电流分配单元。

2. 高压控制盒前部有两个插件接口，分别为快充插件接口和低压控制端插件接口。后部有 3 个插件接口，分别为：高压附件插件接口、动力蓄电池插件接口及电机控制器插件接口。

3. 高压控制盒电路主要实现高压电的分配。高压控制盒内部为多层结构，上层安装了 PTC 控制板和 4 个熔断器，高压控制盒下部安装了快充继电器。

任务工单3.5

任务名称	高压控制盒的检测与修复	学时	4	班级	
学生姓名		学生学号		任务成绩	
实训设备、工具及仪器	北汽EV160整车4台，组合工具4套。	实训场地	一体化教室	日期	
客户任务描述	小王在某新能源汽车4S店工作，今天接了一辆故障车，经检查需更换高压控制盒。				
任务目的	请根据任务要求制订工作计划，安全、规范地对新能源汽车进行高压控制盒的更换。				

一、资讯

1. 纯电动汽车_____也称为高压配电盒或_____，是新能源电动汽车、插电式混合动力汽车的高压电大电流分配单元。

2. 高压控制盒外壳为_____结构，共有_____个插件接口，分别为_____接口、低压控制插件接口、_____接口、_____接口及_____接口。

3. 高压控制盒前部有_____个插件接口，分别为_____接口和低压控制端插件接口。后部有3个插件接口，分别为：_____接口、动力_____及电机控制器插件接口。

4. 高压控制盒电路主要实现_____的分配。高压控制盒内部为多层结构，上层安装了_____控制板和_____个熔断器。

5. 高压控制盒内部熔断器分别为：_____、空调压缩机熔断器、_____和车载充电机熔断器。

6. PTC熔断器：规格为_____V—_____A，允许的最高电压为_____V，最大电流为_____A，用来对空调暖风用PTC加热器系统进行保护，当电流超过最大电流时自动_____。

7. PTC控制板用来对_____进行控制，当开启空调暖风时，_____通过低压控制端插件接口给_____中PTC控制板信号，使其对空调暖风_____进行控制，PTC加热板按照_____要求进行加热，从而使空调系统实现暖风。

8. 快充继电器的作用是：当车辆连接外部_____充电桩后，_____检测可以充电后发送信号给_____，通过高压控制盒上的_____将信号传递给_____，快充继电器闭合，外部_____高压电从快充充电桩流经_____、快充口、_____快充插件接口、_____后，经高压控制盒高压母线插件接口、_____，进入动力蓄电池给其充电。

9. 填写针脚定义。

1：_____；2：_____；
3：_____；4：_____；
5：_____；6：_____；
7：_____；8：_____；
9：_____；10：_____；
11：_____；12：_____；
13：_____；14：_____；
15：_____；16：_____。

10. 填写针脚定义。

A 脚：_____； B 脚：_____；
C 脚：_____； D 脚：_____；
E 脚：_____； F 脚：_____；
G 脚：_____； H 脚：_____；
I 脚：_____； J 脚：_____；
K 脚：_____。

二、计划与决策

请根据任务要求，确定所需要的仪器、工具，并对小组成员进行合理分工，制订详细的更换流程和计划。

1. 需要的仪器、工具

2. 小组成员分工

3. 更换计划

三、实施

1. 准备工作

安装_____；打开机舱盖，安装_____、格栅布。

2. 下电操作

按照规范流程进行_____。

3. 高压控制盒的拆卸

1) 拔下前部的_____、前部的低压线束、后部的 3 个_____；
2) 拆卸三个_____；
3) 取下高压控制盒。

完成高压控制盒的拆卸。

4. 更换新的高压控制盒

1) 将高压控制盒安装到位后，安装 3 个_____；
2) 依次安装后部的 3 个_____；
3) 安装前部的_____、前部的_____等；
4) 取下格栅布、翼子板布以及_____。

完成高压控制盒的更换。

通过上述过程，请总结更换过程中需要注意的事项：

1) _____
2) _____
3) _____

四、检查

充电完成后，起动开关置于 ON 位置，并进行如下检查：

1. 检查仪表是否点亮：_____。
2. 检查车辆是否正常行驶：_____。
3. 检查是否能正常进行充电：_____。

五、评估

1. 请根据自己任务完成的情况，对自己的工作进行自我评估，并提出改进意见。

1) _____
   _____
2) _____
   _____
3) _____

2. 工单成绩（总分为自我评价、组长评价和教师评价得分值的平均值）

自我评价	组长评价	教师评价	总分

《纯电动汽车电池及管理系统拆装与检测》理实一体化教室布置图

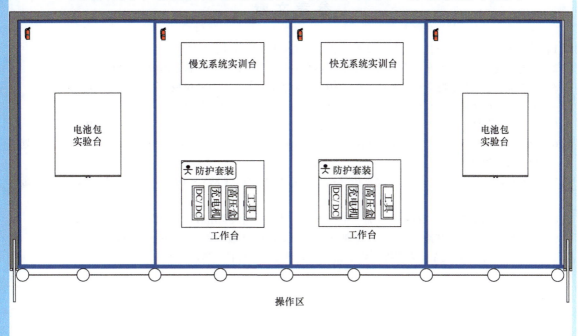

参 考 文 献

[1] 崔胜民. 新能源汽车技术 [M]. 2版. 北京：北京大学出版社, 2014.
[2] 王芳, 夏军. 电动汽车动力电池系统设计与制造技术 [M]. 北京：科学出版社, 2017.
[3] 敖东光, 宫英伟, 陈荣梅. 电动汽车结构原理与检修 [M]. 北京：机械工业出版社, 2017.
[4] 麻友良, 严运兵. 电动汽车概论 [M]. 北京：机械工业出版社, 2012.
[5] 吴兴敏, 张博, 等. 电动汽车构造、原理与检修 [M]. 北京：北京理工大学出版社, 2015.
[6] 汽车标准化技术委员会. 电动汽车用电池管理系统技术条件：QC/T 897—2011 [S]. 北京：中国计划出版社, 2011.
[7] 汽车标准化技术委员会. 电动汽车传导式车载充电机：QC/T 895—2011 [S]. 北京：中国计划出版社, 2011.
[8] 姜久春. 电动汽车充电技术及系统 [M]. 北京：北京交通大学出版社, 2017.
[9] 王震坡, 孙逢春, 刘鹏. 电动汽车原理与应用技术 [M] 2版. 北京：机械工业出版社, 2016.
[10] 崔胜民. 新能源汽车技术解析 [M]. 北京：化学工业出版社, 2016.